Boxe

Quello che i Migliori Pugili sanno su Allenamento, Gioco di gambe e Combinazioni che tu non sai

© Copyright 2025 - Tutti i diritti riservati.

Il contenuto di questo libro non può essere riprodotto, duplicato o trasmesso senza l'autorizzazione scritta dell'autore o dell'editore.

In nessun caso l'editore o l'autore potranno essere ritenuti responsabili, legalmente o moralmente, per danni, risarcimenti o perdite economiche derivanti direttamente o indirettamente dalle informazioni contenute in questo libro.

Avviso legale:

Questo libro è protetto da copyright. È destinato esclusivamente all'uso personale. Non è consentito modificare, distribuire, vendere, utilizzare, citare o parafrasare alcuna parte del contenuto di questo libro senza il consenso dell'autore o dell'editore.

Avviso di esclusione di responsabilità:

Si prega di notare che le informazioni contenute in questo documento sono esclusivamente a scopo educativo e di intrattenimento. È stato fatto ogni sforzo per presentare informazioni accurate, aggiornate, affidabili e complete. Non vengono fornite garanzie di alcun tipo, esplicite o implicite. I lettori riconoscono che l'autore non sta fornendo consigli legali, finanziari, medici o professionali. Il contenuto di questo libro è stato ricavato da varie fonti. Si consiglia di consultare un professionista qualificato prima di tentare qualsiasi tecnica illustrata in questo libro.

Leggendo questo documento, il lettore accetta che, in nessuna circostanza, l'autore potrà essere ritenuto responsabile per eventuali perdite, dirette o indirette, derivanti dall'utilizzo delle informazioni contenute in questo documento, comprese, ma non limitate a, errori, omissioni o inesattezze.

Indice

INTRODUZIONE 1
CAPITOLO 1: LE ORIGINI 3
CAPITOLO 2: INIZIARE CON LA BOXE I: REGOLE E STILI DI COMBATTIMENTO 14
CAPITOLO 3: INIZIARE CON LA BOXE II: ATTREZZATURA E CONDIZIONAMENTO FISICO 27
CAPITOLO 4: POSIZIONI, GUARDIE E GIOCO DI GAMBE 42
CAPITOLO 5: PUGNI E CONTRATTACCHI 58
CAPITOLO 6: SUGGERIMENTI E TECNICHE DIFENSIVE 75
CAPITOLO 7: 13 COMBINAZIONI DA PROFESSIONISTI CHE (FORSE) NON CONOSCEVI 87
CAPITOLO 8: PEEK-A-BOO: I SEGRETI DELLO SPARRING DEI PUGILI PROFESSIONISTI 101
CAPITOLO 9: SFRUTTARE IL SACCO PESANTE 110
CAPITOLO 10: VENTI ERRORI COMUNI DA EVITARE (PRINCIPIANTI O ESPERTI) 119
CONCLUSIONE 127
RIFERIMENTI 129
FONTI DELLE IMMAGINI 130

Introduzione

Ti sei mai meravigliato della velocità, dell'agilità e della tecnica dei pugili professionisti? Cosa sanno loro sull'allenamento, sul gioco di gambe e sulle combinazioni che tu non sai?

Grazie a ore di allenamenti intensi e anni di esperienza sul ring, questi atleti d'élite hanno sviluppato competenze che conferiscono loro un vantaggio competitivo. Imparando dai migliori pugili, anche tu puoi sviluppare queste abilità e portare la tua boxe al livello successivo. Questa guida ti accompagnerà attraverso i fondamentali della boxe: dal gioco di gambe e dalle posizioni ai pugni, ai consigli difensivi e alle combinazioni professionali, per aiutarti a iniziare il tuo percorso verso l'obiettivo di diventare un pugile esperto.

Dai giochi olimpici dell'antica Grecia agli spettacoli moderni in pay-per-view, la storia della boxe è un racconto avvincente che attraversa i secoli. Questo sport ha visto protagonisti combattenti leggendari, rivalità feroci e momenti memorabili che sono passati alla storia. Ripercorrere gli annali della boxe rivela come questo sport, tanto duro quanto affascinante, si sia evoluto: dalle lotte a mani nude nell'Ottocento all'introduzione dei guantoni, che hanno reso il combattimento meno mortale. La boxe è in continua evoluzione. È uno sport che richiede disciplina, abilità e resistenza da parte dei suoi praticanti, chiamati a superare l'avversario con astuzia e a sferrare il colpo da KO perfetto.

Con una storia così ricca, non c'è da stupirsi che la boxe continui oggi a catturare l'attenzione di milioni di spettatori in tutto il mondo. Questa guida, scritta in modo semplice e chiaro, offre una panoramica delle origini della boxe. Una volta compreso il contesto storico, potrai concentrarti sulle tecniche e strategie utilizzate dai pugili moderni, esplorando argomenti fondamentali come le posizioni, le guardie, i pugni, le combinazioni, i consigli difensivi e gli allenamenti con il sacco pesante. Imparerai inoltre quali sono gli errori più comuni da evitare all'inizio del tuo percorso nella boxe. Scoprirai infine i segreti dello sparring condivisi dai professionisti e come eseguire quelle combinazioni che rendono i campioni imbattibili sul ring.

Sebbene la boxe sia uno sport impegnativo, non devi prenderla troppo sul serio. Anche i principianti possono divertirsi imparando le basi e sviluppando abilità in questo sport incredibilmente gratificante. Tutto ciò di cui hai bisogno è dedizione, impegno e giuste risorse. Se sei pronto a fare il grande passo e a addentrarti nel mondo della boxe, allaccia i guantoni e preparati a un viaggio emozionante che ti terrà sempre con il fiato sospeso. Questa guida è un punto di partenza eccellente, con tutto ciò di cui hai bisogno per cominciare. Dunque, cosa stai aspettando? Prepariamoci a combattere.

Capitolo 1: Le Origini

Ti è mai capitato di tifare per un pugile sul ring e chiederti da dove abbia avuto origine questo sport? Che tu ci creda o no, la boxe ha una storia ricca e affascinante che risale a secoli fa. Nei primi tempi, gli incontri di boxe erano brutali e privi di qualsiasi regolamentazione. I pugili combattevano a mani nude, senza regole, causando ferite atroci. Con la crescente popolarità dello sport, tuttavia, sono state introdotte normative per proteggere i combattenti da gravi danni.

Nel corso degli anni, la boxe si è evoluta nello sport dinamico ed emozionante che tutti conosciamo e amiamo oggi. Quindi, allaccia i guantoni e facciamo un salto indietro nel tempo per scoprire le origini di questo sport. Questo capitolo fornisce una breve panoramica della storia e dell'evoluzione della boxe, partendo dalle sue antiche radici. Vengono inoltre ricordati alcuni dei pugili più iconici della storia e le loro eredità durature. Alla fine di questo capitolo, avrai una visione più chiara del perché la boxe è diventata uno sport così amato e popolare.

Le affascinanti origini del pugilato: alla scoperta delle sue antiche radici

La boxe si è evoluta in vari modi nel corso di migliaia di anni, dando vita a diversi stili che gli appassionati praticano ancora oggi. Dai gladiatori dell'antica Roma ai combattimenti a mani nude del XIX secolo, la storia della boxe è davvero affascinante. Questa sezione esplora il racconto intrigante di come questo sport sia nato e si sia evoluto nel tempo.

L'Antico Egitto e la Grecia

Antichi pugili greci raffigurati su un vaso.[1]

La ricca storia di questo straordinario sport affonda le sue radici nelle antiche civiltà di Egitto, Grecia e Roma. I Greci praticavano la boxe già nel VII secolo a.C., e ben presto questa disciplina divenne uno degli sport più popolari della loro cultura. Gli atleti gareggiavano in competizioni locali e nazionali. Lo sport era intriso di simbolismo mitico, rappresentando un'allegoria del viaggio dell'eroe. L'arte dell'antico Egitto, invece, mostra scene di combattimenti a mani nude, una delle prime forme conosciute di boxe. Questi incontri erano brutali e spesso terminavano con la morte di uno dei combattenti, dal momento che non esistevano regole, guantoni o classi di peso. I pugili si avvolgevano le mani con fasce di stoffa o pelle, segnando così lo sviluppo dei primi guantoni da boxe.

La boxe nell'antica Roma

Quando fu introdotta nell'Impero Romano, la boxe si trasformò da uno sport di intrattenimento a un mezzo di protezione: mercenari e soldati si impegnavano in combattimenti a mani nude per mantenersi in forma e testare le proprie capacità di combattimento. Con l'espansione dell'influenza romana, anche la boxe si diffuse, diventando un elemento regolare delle competizioni atletiche romane, note come i giochi gladiatori. Questi giochi riunivano i combattenti più coraggiosi e forti di tutto l'impero, con grandi folle che accorrevano per assistere a questo sport tanto pericoloso quanto mortale.

Le prime testimonianze

Le prime testimonianze del pugilato risalgono all'antica Sumeria, intorno al 3000 a.C., dove le persone si avvolgevano le mani con strisce di cuoio per proteggersi. Inizialmente si trattava di una forma di combattimento semplice, ma con il tempo lo sport si strutturò e raffinò. Nell'antica Grecia, la boxe divenne popolare durante i Giochi Olimpici nel 688 a.C., uno degli eventi più prestigiosi. I pugili indossavano guanti di pelle con borchie di metallo o piombo per infliggere danni maggiori agli avversari. Gli incontri erano brutali e spesso si concludevano con ferite gravi o la morte di uno dei contendenti.

La trasformazione dello sport

All'inizio del XVIII secolo, la boxe subì una trasformazione in Inghilterra. Lo sport divenne più organizzato con l'introduzione delle Regole della Boxe nel 1743, che stabilirono le classi di peso, vietarono morsi e colpi agli occhi e resero obbligatori i guantoni. Il primo campione ufficialmente riconosciuto dei pesi massimi fu l'inglese James Figg, un pugile a mani nude che dominò lo sport nei primi anni del 1700. Figg fondò una scuola di boxe, dove allenò giovani combattenti che divennero poi campioni.

Sviluppi recenti

Il primo incontro di boxe moderna si svolse nel 1867 tra John Sholto Douglas, marchese di Queensberry, e John Graham Chambers, fondatore dell'Amateur Athletics Club. L'incontro seguì le regole del Marchese di Queensbury, che includevano round di tre minuti, l'uso dei guantoni e il conteggio di dieci secondi per i pugili messi al tappeto. Queste regole rivoluzionarono lo sport, rendendo la boxe più accessibile alle masse.

Giorni nostri

La boxe continuò a evolversi nel corso dei secoli, assumendo la sua forma moderna in Inghilterra tra il XVIII e il XIX secolo. Gli inglesi introdussero ulteriori innovazioni, come i round, le classi di peso e le tradizionali regole del Marchese di Queensberry, ancora oggi in uso. Inoltre, la boxe divenne più organizzata, non limitandosi più a uno stile o a una classe sociale specifica. Dalle sue umili origini come sport brutale, la boxe ha fatto molta strada per arrivare a essere uno degli sport più amati al mondo.

Molti pugili famosi emersero nel corso del XX secolo, come Muhammad Ali, Joe Frazier e George Foreman. Questi combattenti portarono nuove abilità, strategie e tecniche, rendendo la boxe ancora più avvincente e popolare a livello globale. Tuttavia, l'ascesa di Floyd Mayweather Jr., considerato uno dei migliori pugili di tutti i tempi, ha cambiato per sempre il mondo della boxe. Le sue vittorie da record e la sua imbattibilità lo hanno reso una leggenda.

La boxe ha fatto molta strada dalle sue origini: da una forma primitiva di combattimento a uno sport sofisticato con regole e regolamenti severi, ha conquistato un posto di rilievo nell'arena sportiva mondiale. I primi pugili hanno aperto la strada ai campioni moderni, che hanno portato fama, gloria e intrattenimento in questo sport. La boxe è in continua evoluzione, promettendo al mondo incontri emozionanti e pugili leggendari negli anni a venire.

La boxe nell'era moderna: un'eredità di grandezza

Dai primi combattimenti nell'antica Grecia fino ai giorni nostri, la boxe è sempre stata una prova fisica e mentale di forza, resistenza e abilità. L'era moderna della boxe ha prodotto alcuni dei più grandi atleti e dei momenti più indimenticabili della storia dello sport. Dall'età d'oro di Muhammad Ali e la sua rivalità con Joe Frazier, ai recenti trionfi di Floyd Mayweather Jr. e Manny Pacquiao, la boxe continua a ispirare e affascinare milioni di fan in tutto il mondo.

L'era moderna della boxe iniziò nel 1910, quando il primo campione dei pesi massimi, Jack Johnson, fu spodestato da Jim Jeffries in un incontro controverso segnato da tensioni razziali. Questa era vide l'ascesa di pugili leggendari, come Joe Louis, Rocky Marciano, Sugar Ray Robinson e Muhammad Ali, che non solo dominarono le loro categorie di peso, ma divennero simboli di coraggio, carisma e impatto sociale.

Joe Louis, noto come Brown Bomber, fu campione dei pesi massimi per un record di dodici anni, diventando un eroe sia per i fan bianchi che per quelli neri grazie al suo patriottismo e alla sua sportività. Rocky Marciano, l'unico campione dei pesi massimi rimasto imbattuto nella storia, era un combattente implacabile e potente che si ritirò all'apice della sua carriera per preservare la sua eredità. Sugar Ray Robinson, considerato da molti esperti il più grande pugile pound-for-pound di tutti i tempi, affascinava avversari e pubblico con la sua velocità, tecnica e spettacolarità.

Muhammad Ali, all'anagrafe Cassius Clay, fu una leggenda del pugilato, un'icona culturale e un attivista politico. Ali vinse tre titoli mondiali dei pesi massimi e combatté alcuni dei match più epici e controversi della storia, tra cui la sua vittoria del 1964 contro Sonny Liston, la sua sconfitta del 1971 contro Joe Frazier nel *Fight of the Century*, e la sua *Rumble in the Jungle* del 1974 (in Zaire, Africa) contro George Foreman. Carismatico, spiritoso ed eloquente, Ali era amato in tutto il mondo; la sua opposizione alla guerra in Vietnam e il suo impegno per i diritti civili hanno ispirato milioni di persone.

L'era moderna della boxe ha visto emergere rivalità memorabili tra grandi campioni come Julio César Chávez, Mike Tyson, Oscar De La Hoya, Roy Jones Jr., Lennox Lewis, Evander Holyfield, Bernard Hopkins e Manny Pacquiao. Questi pugili hanno mostrato stili, personalità ed eredità diverse, ma erano tutti accomunati dalla passione per lo sport, dalla determinazione e dal desiderio di spingersi oltre i propri limiti.

Oggi, la boxe continua a evolversi, adattandosi alle nuove sfide e opportunità. La crescita delle MMA, lo sviluppo dei media digitali e la pandemia hanno cambiato il modo in cui lo sport viene seguito e consumato, ma i valori fondamentali e l'emozione della boxe rimangono intatti. I campioni e i giovani talenti attuali, come Canelo Álvarez, Anthony Joshua, Terence Crawford, Gennady Golovkin, Ryan Garcia e Teófimo López, portano avanti l'eredità di grandezza che ha caratterizzato la boxe per oltre un secolo.

La boxe nell'era moderna non è solo uno sport, ma una testimonianza della resilienza umana, della creatività e dell'eccellenza. I pugili che hanno calcato il ring in questa epoca hanno fissato nuovi standard per le generazioni future, ispirando i fan a sognare in grande e a lottare con determinazione. Quindi, che tu sia uno spettatore occasionale o un fan sfegatato, la boxe offre qualcosa per tutti coloro che amano una bella sfida, una buona storia e spettacoli indimenticabili.

La sezione seguente approfondisce le storie dei combattenti che hanno reso quest'epoca così speciale. Quindi, preparati: è il momento di metterti a bordo ring.

Muhammad Ali

Muhammad Ali è uno dei più grandi pugili di tutti i tempi, e per buone ragioni. Ha vinto il titolo mondiale dei pesi massimi per tre volte ed è stato famoso per il suo stile unico, la sua arguzia e il suo carisma. Ali era un combattente incredibilmente veloce, capace di "volare come una farfalla e pungere come un'ape". Inoltre, era un attivista per i diritti civili, pronto a difendere le sue convinzioni indipendentemente dalle conseguenze. Ali si è ritirato nel 1981, ma è rimasto un'icona nello sport e nella società fino alla sua scomparsa nel 2016.

Ancora oggi, Muhammad Ali è considerato uno dei più grandi di tutti i tempi.

Infanzia e carriera pugilistica

Muhammad Ali è nato il 17 gennaio 1942 a Louisville, nel Kentucky. È salito per la prima volta sul ring all'età di 12 anni e si è subito reso conto di avere un talento innato. Dopo aver conquistato numerosi titoli come pugile dilettante, Ali ha vinto la medaglia d'oro olimpica nel 1960. Poco dopo è entrato a far parte dei ranghi professionali, diventando campione del mondo dei pesi massimi a 22 anni. Ali è stato il primo pugile a vincere per tre volte tale titolo.

Personalità e attivismo

Muhammad Ali era molto più di un semplice pugile. Aveva una personalità carismatica e un talento naturale per la comunicazione. Sempre pronto con una battuta o uno scherzo, era intelligente e affascinante. Ma Ali era anche un attivista politico e sociale, che non esitava a prendere posizione per ciò in cui credeva, anche quando questo non era popolare. Per esempio, negli anni Sessanta, si rifiutò di arruolarsi nell'esercito per combattere in Vietnam, citando le sue convinzioni religiose e la sua opposizione alla guerra. Questa decisione gli costò tre anni della sua carriera di pugile, ma Ali non vacillò mai nelle sue posizioni.

La filantropia di Muhammad Ali

Oltre a essere un grande atleta e attivista, Muhammad Ali era anche un filantropo. È stato coinvolto in numerose organizzazioni e cause di beneficenza, tra cui la Make-A-Wish Foundation e Special Olympics. Ha fondato il *Muhammad Ali Center*, un museo e centro culturale nella sua città natale, Louisville, Kentucky, dedicato a promuovere il rispetto, la comprensione e la tolleranza. Ali credeva profondamente nell'importanza di contribuire positivamente alla comunità e di utilizzare la sua fama e influenza per fare del bene.

L'eredità di Muhammad Ali

L'eredità di Muhammad Ali è fatta di eccellenza, coraggio e responsabilità sociale. È stato un pioniere nel mondo dello sport, aprendo la strada al successo di altri atleti afroamericani. Il suo attivismo politico e sociale ha ispirato intere generazioni, dimostrando la forza di sostenere le proprie convinzioni anche nei momenti più difficili. Con il suo impegno per la comunità e le sue azioni concrete, Ali ha lasciato un impatto duraturo sul mondo. Il nome di Muhammad Ali sarà per sempre associato alla grandezza e la sua eredità continuerà a ispirare le generazioni future.

La sua figura straordinaria ha lasciato un segno indelebile nel mondo: era un atleta di talento, un attivista politico e sociale e un filantropo. Ma, prima di tutto, era un grande essere umano che ha spronato tutti a dare il meglio di sé. L'eredità e i successi di Muhammad Ali continueranno a essere celebrati e ricordati per generazioni, ispirando tutti con il potere che un singolo individuo ha di fare la differenza.

Mike Tyson

Mike Tyson è stato uno dei pugili più aggressivi e dominanti nella storia della boxe. È diventato il più giovane campione dei pesi massimi all'età di vent'anni e ha detenuto il titolo per tre anni. Tyson era noto per il suo impressionante gioco di gambe, i pugni devastanti e l'aura intimidatoria. La sua carriera è stata segnata da controversie e lotte personali, ma Tyson rimane una figura popolare e influente nel mondo della boxe.

Mike Tyson è diventato il più giovane campione dei pesi massimi all'età di vent'anni. [a]

La carriera

La carriera pugilistica di Mike Tyson è iniziata durante l'adolescenza. Ha fatto il suo debutto professionale nel 1985, dominando rapidamente i suoi avversari. Lo stile di Tyson era incisivo e aggressivo, il che gli è valso numerose vittorie. Ha vinto i suoi primi venti incontri per KO, e sotto i riflettori come una superstar emergente. Tyson ha vinto il suo primo titolo mondiale nel 1986 sconfiggendo Trevor Berbick, diventando il più giovane campione mondiale dei pesi massimi nella storia della boxe.

Le vittorie memorabili

Lo stile e il successo di Tyson sul ring hanno consolidato la sua eredità come uno dei più grandi pugili di tutti i tempi. Era temuto per la sua potenza e agilità e nel corso della sua carriera ha vinto numerosi titoli mondiali. Tra le sue vittorie più celebri si ricordano il KO contro Larry Holmes, il trionfo contro Michael Spinks e la sua vittoria contro Frank Bruno, che gli è valsa il titolo WBC. Tyson si è ritirato dalla boxe professionistica nel 2005 con un record di 50 vittorie, 6 sconfitte e 2 incontri terminati senza esito. La sua potenza e dedizione allo sport lo hanno reso un'icona e un modello per i pugili di tutto il mondo. L'eredità di Tyson nella boxe è indiscutibile e viene giustamente considerato come uno dei più grandi pugili della storia.

La personalità di Tyson

L'impatto di Tyson va oltre il ring. La sua personalità e il suo carisma lo hanno reso un'icona della cultura pop. È apparso in numerosi film, programmi TV e videoclip musicali. Inoltre, il libro di memorie di Tyson, *Undisputed Truth*, racconta la sua vita, offrendo al pubblico una visione più profonda dell'uomo dietro i guantoni. L'eredità e i successi di Mike Tyson come pugile hanno ispirato molti. La sua forza, resilienza e dedizione allo sport lo hanno reso una leggenda. Sebbene la sua carriera sia stata segnata da controversie, la sua determinazione nel superarle lo ha reso un modello per pugili in tutto il mondo. Tyson verrà sempre ricordato come uno dei più grandi pugili di tutti i tempi e il suo impatto sulla boxe non sarà mai dimenticato.

Floyd Mayweather Jr.

Floyd Mayweather Jr., soprannominato "Money", è un pugile statunitense ormai ritirato che non ha bisogno di presentazioni. È considerato uno dei più grandi pugili di tutti i tempi, grazie ai suoi risultati straordinari e ineguagliabili. Floyd Mayweather Jr. si è fatto un nome grazie al suo stile di combattimento impareggiabile, un record di vittorie impressionante e uno stile di vita sfarzoso fuori dal ring. Inoltre, il talento e la dedizione di Mayweather Jr. gli hanno assicurato un riconoscimento mondiale, venendo celebrato da molti come il miglior pugile difensivo di sempre. Approfondiamo ora la sua eredità e i suoi successi per capire cosa lo abbia reso un campione di così grande levatura.

Le origini e la carriera

Mayweather Jr. è nato a Grand Rapids, in Michigan, il 24 febbraio 1977. Ha iniziato ad allenarsi in tenera età, ispirato dalle tradizioni pugilistiche della sua famiglia. Suo padre, i suoi zii e suo nonno erano tutti pugili e gli hanno instillato disciplina, impegno e determinazione. La carriera di pugile professionista di Mayweather Jr. è iniziata nel 1996, quando ha vinto il suo primo incontro contro Roberto Apodaca. Da quel momento, ha continuato a conquistare numerosi titoli, tra cui il titolo WBC dei pesi superpiuma, il titolo WBC dei pesi leggeri, il titolo WBA (Super) dei pesi superwelter, il titolo WBC dei pesi superwelter, il titolo WBA (Super) dei pesi welter, il titolo WBC dei pesi welter, il titolo WBA (Super) dei pesi superleggeri, il titolo IBF dei pesi welter e il titolo WBO dei pesi welter.

Le vittorie memorabili

Mayweather Jr. è noto per il suo famoso incontro con Manny Pacquiao nel 2015, soprannominato "L'incontro del secolo". Mayweather Jr. ha vinto l'incontro per decisione unanime, mantenendo così il suo record di imbattibilità. Lo stile di combattimento difensivo di Mayweather Jr. è ciò che lo distingue dagli altri pugili. Non è mai stato messo KO o al tappeto, dimostrando una straordinaria abilità nell'evitare i colpi e mantenere il controllo sul ring. La sua tecnica ha ispirato molti giovani pugili, e la sua dedizione all'allenamento è davvero ammirevole. Oltre ai suoi successi sul ring, Mayweather Jr. è noto per il suo stile di vita sfarzoso. Non perde occasione per esibire la sua ricchezza, mostrando auto di lusso, jet privati e orologi costosi. I suoi fan lo adorano per la sua personalità spavalda e la sua sicurezza, sia dentro che fuori dal ring.

L'eredità di Floyd Mayweather Jr. come pugile resterà per sempre ineguagliata. Il suo record imbattuto, la collezione impressionante di titoli e il suo stile difensivo lo rendono uno dei più grandi pugili della storia. Ha ispirato molti giovani pugili grazie alla sua dedizione all'allenamento e alla perfezione della tecnica. Il suo stile di vita lussuoso fuori dal ring lo ha reso una celebrità a tutto tondo. L'immensa eredità di Floyd Mayweather Jr. come pugile continuerà a ispirare e stupire le generazioni future.

Altri pugili degni di nota

Oltre a Muhammad Ali e Mike Tyson, molti altri pugili leggendari hanno lasciato il segno nell'era moderna, tra cui Sugar Ray Leonard, Julio César Chávez, Oscar De La Hoya e Manny Pacquiao. Questi atleti hanno portato sul ring stili unici e personalità inconfondibili, costruendo eredità che hanno influenzato intere generazioni. Hanno lasciato un segno indelebile non solo nella boxe, ma anche nello sport e nella società, ispirando persone in tutto il mondo ad abbracciare questo sport, inseguire i propri sogni e superare le avversità. I loro successi e contributi continuano a essere celebrati e studiati in libri, documentari, film e opere d'arte. Hanno stabilito nuovi standard per lo sport e le loro eredità continuano a motivare i pugili e gli atleti del futuro a inseguire la grandezza.

La boxe è ancora uno degli sport più amati e seguiti in tutto il mondo. Oggi, molti pugili di talento si dedicano a questo sport e alla costruzione della loro eredità. L'impatto di Ali, Tyson e degli altri grandi pugili dell'era moderna è ancora forte, mentre le nuove generazioni cercano di emulare il loro stile e successo. Lo sport non sarebbe lo stesso senza questi grandi uomini, la cui eredità continuerà a motivare e intrattenere milioni di persone in tutto il mondo.

La boxe è un'arte senza tempo e le generazioni future di pugili continueranno a imparare dai successi dei grandi campioni che li hanno preceduti.

Questo capitolo ha trattato le origini della boxe, la trasformazione dello sport durante l'era moderna e alcuni dei pugili più importanti di questo periodo. Da Muhammad Ali a Floyd Mayweather Jr., questi uomini hanno dato forma allo sport in modo unico, lasciando un segno indelebile nella boxe, nella società e nel mondo intero. L'eredità di questi grandi campioni continua a ispirare e intrattenere persone di tutte le età e i loro successi saranno studiati, celebrati e imitati per molti anni a venire.

Capitolo 2: Iniziare con la Boxe I: Regole e Stili di Combattimento

Vuoi entrare nel mondo della boxe, ma hai bisogno di aiuto per capire da dove cominciare? È il momento di prepararti e imparare le regole e gli stili di combattimento.

La boxe è un'attività fisica completa e uno sport emozionante da guardare e praticare. Esistono diversi stili di combattimento tra cui scegliere, ognuno con tecniche e strategie uniche. È tuttavia fondamentale, prima di salire sul ring, comprendere le regole di base della boxe, le posizioni corrette e imparare a sferrare colpi e difendersi.

In questo capitolo verranno analizzate le regole generali della boxe, il Codice di Queensberry per la boxe e i diversi stili di combattimento. Dagli Swarmers (i pressatori, pugili aggressivi che puntano a soffocare l'avversario) e Counterpunchers (contrattaccanti, specialisti nel colpire mentre si difendono), agli Sluggers (picchiatori potenti, che puntano sui colpi pesanti) e Out-boxers (pugili tecnici che preferiscono combattere dalla distanza), verranno forniti dettagli su ciascuna tipologia, così potrai scoprire quale stile si adatta meglio a te. La passione per la boxe può essere condivisa con amici, familiari o anche con perfetti sconosciuti. Quindi, addentriamoci nei dettagli di questo sport e scopriamo insieme le regole fondamentali della boxe.

Le regole generali della boxe: tutto ciò che devi sapere

La boxe è uno sport ammirato da milioni di persone in tutto il mondo.'

La boxe è uno degli sport più popolari al mondo, con milioni di fan che seguono ogni incontro con entusiasmo e adrenalina. Tuttavia, comprendere correttamente le regole e i regolamenti è essenziale per godersi lo spettacolo e apprezzare l'arte della boxe. Ecco le regole generali che è indispensabile conoscere prima di iniziare a guardare con attenzione o praticare questo sport.

L'obiettivo

L'obiettivo principale di un incontro di boxe è vincere per KO o ai punti, a seconda della modalità dello sport. Una vittoria per KO si ottiene quando un pugile manda al tappeto l'avversario, impedendogli di riprendere il combattimento entro il conteggio di 10. L'incontro può anche essere interrotto dall'arbitro per proteggere un pugile da gravi lesioni o pericolo (KO tecnico). Al contrario, una vittoria ai punti si ottiene quando un pugile colpisce con successo più volte l'avversario durante la durata dell'incontro.

Il punteggio

Il punteggio nella boxe si basa sul numero di colpi validi messi a segno durante l'incontro. Inoltre, i giudici valutano e assegnano punti ai pugili in base alla loro capacità di colpire il corpo o la testa dell'avversario. Un colpo valido deve essere sferrato con la parte anteriore del guantone chiuso e può essere considerato tale solo se colpisce sopra la cintura. I colpi sotto la cintura sono considerati fallosi, a meno che la testa del pugile non sia abbassata a quel livello.

I falli

La boxe segue regole rigide in merito ai falli. I falli più comuni includono trattenere l'avversario, colpire sotto la cintura, colpire la parte posteriore della testa e usare la testa per dare una testata. I pugili non possono utilizzare gomiti o altre parti del corpo per colpire l'avversario. Inoltre, è vietato mordere, sputare o causare intenzionalmente danni all'avversario.

Il comportamento sul ring

Un pugile deve mantenere un tono e una condotta rispettosi durante l'incontro. Atteggiamenti irrispettosi come provocare l'avversario o usare linguaggio offensivo sono considerati non professionali e potenzialmente pericolosi. I pugili devono seguire le istruzioni dell'arbitro e interrompere il combattimento quando viene loro ordinato, pena la possibile squalifica.

L'equipaggiamento protettivo

L'equipaggiamento protettivo è fondamentale sia per i pugili dilettanti che per quelli professionisti. L'attrezzatura più importante è il paradenti, che protegge denti e gengive da eventuali danni. I pugili sono inoltre tenuti a utilizzare fasce per le mani e guantoni per proteggere mani e polsi da fratture durante l'impatto. Inoltre, il casco protettivo è particolarmente utile per proteggere testa e viso da tagli e lividi. I pugili professionisti, di solito, indossano solo guantoni e paradenti durante gli incontri, mentre i dilettanti utilizzano un equipaggiamento protettivo più completo.

Il Codice di Queensberry: una breve storia

La boxe è uno sport che risale all'antica Grecia, ma è stato a metà del XIX secolo che è stata stabilita una serie di regole standard. Il Codice di Queensberry per la boxe è stato introdotto nel 1867, segnando l'inizio di una nuova era per questo sport, con un'enfasi sulla sicurezza, sul fair play e sul rispetto reciproco. Scopriamo insieme le origini del Codice di Queensberry, le sue caratteristiche principali e l'impatto che ha avuto sul mondo della boxe.

Le origini del Codice di Queensberry

Prima dell'introduzione del Codice di Queensberry, la boxe era uno sport brutale e spesso letale. Gli organizzatori dei combattimenti mettevano spesso uno contro l'altro uomini di dimensioni e pesi molto diversi, portando a infortuni gravi e, in alcuni casi, alla morte dei pugili. Le regole erano minime e gli incontri continuavano finché uno dei combattenti non era più in grado di proseguire. Questo generò crescenti critiche e richieste di riforma da parte dell'opinione pubblica. Nel 1865, John Sholto Douglas, il nono marchese di Queensberry, scrisse una lettera al giornale *Sporting Life* chiedendo l'adozione di un insieme di standard per regolamentare la boxe. Due anni dopo fu pubblicato il Codice di Queensberry, inaugurando una nuova era di fair play e sicurezza nella boxe.

Le caratteristiche principali del Codice di Queensberry

Il Codice di Queensberry stabilì diverse nuove regole che sono ancora oggi alla base della boxe moderna. Innanzitutto, rese obbligatorio l'uso dei guantoni, riducendo così gli infortuni gravi e le morti in questo sport. Stabilì inoltre la durata dei round (tre minuti), il numero massimo di round (fino a quindici) e la lunghezza delle pause tra un round e l'altro (un minuto). Il Codice introdusse anche il concetto di "down and out": se un pugile veniva buttato a terra e non riusciva a rialzarsi entro dieci secondi, l'incontro veniva considerato terminato. Inoltre, il Codice di Queensberry vietò tecniche come prese, proiezioni e altre forme di gioco scorretto che erano comuni in passato.

L'impatto del Codice di Queensberry

Il Codice di Queensberry ebbe un impatto immediato e profondo sulla boxe. Rese lo sport più sicuro per i pugili e più accettabile per il pubblico, aumentando notevolmente la sua popolarità. Il Codice diede origine a una nuova generazione di pugili professionisti che si allenavano con tecniche di boxe piuttosto che fare affidamento sulla sola forza bruta. Inoltre, stabilì le basi per gli incontri di boxe moderni, introducendo concetti come le classi di peso, le classifiche e gli incontri per il titolo. Ancora oggi, il Codice di Queensberry costituisce il punto di riferimento per le regole della boxe nella maggior parte dei paesi del mondo.

Il Codice di Queensberry rappresenta un momento fondamentale nella storia di questo sport. Ha trasformato la boxe da uno spettacolo brutale e spesso mortale in una disciplina che enfatizza abilità, sportività e fair play. Il Codice ha stabilito una serie di regole standard e ha posto le basi per la boxe moderna come la conosciamo oggi. Grazie alla visione di John Sholto Douglas, il nono marchese di Queensberry, la boxe è oggi uno sport più sicuro e rispettato.

I diversi stili di combattimento

La boxe è uno sport che richiede precisione, forza e agilità. Esistono molti stili di combattimento, e ogni pugile porta un approccio unico sul ring: dal gioco di gambe spettacolare di Muhammad Ali, ai devastanti montanti di Mike Tyson. La diversità degli stili rende ogni incontro emozionante e imprevedibile. Che un pugile preferisca le tattiche difensive del counterpunching (contrattacco) o l'attacco incessante dello swarming (pressing continuo e aggressivo tipico dei pressatori), la bellezza di questo sport risiede nella creatività e nell'adattabilità di ciascun combattente. Chi riuscirà a imporsi sul ring? La risposta si trova nella combinazione unica di strategia e abilità atletica di ciascun pugile.

Lo stile Swarmer: l'arte della boxe di pressione

Ogni stile di boxe ha il suo fascino unico. Lo stile Swarmer si basa su un'aggressività incessante e una pressione costante. Gli Swarmers (pressatori) sono noti per il loro approccio implacabile: passano la maggior parte del tempo nella corta distanza, sferzando colpi duri e combinazioni veloci. Approfondiamo insieme lo stile Swarmer, esplorandone la storia e il funzionamento.

Le origini

Lo stile di boxe Swarmer è emerso nei primi anni del XX secolo ed è stato reso celebre da pugili come Rocky Marciano e Joe Frazier. Questo stile si caratterizza per l'abilità del pugile di penetrare nella guardia dell'avversario e sferrare colpi rapidi e potenti dalla corta distanza. Inoltre, gli Swarmers (pressatori) sono conosciuti per la loro incredibile resistenza e la pressione costante esercitata sugli avversari, allo scopo di sfiancarli progressivamente.

Le basi dello stile Swarmer

I pugili Swarmer sono solitamente di bassa statura, ma con un fisico potente e una resistenza eccezionale. La loro strategia è avvicinarsi alla guardia dell'avversario e sferrare molteplici colpi in rapida successione. Puntano a tenere l'avversario sulla difensiva, avanzando costantemente e attaccando con combinazioni implacabili. Questo stile è ideale per i pugili dotati di una mascella forte, in grado di incassare colpi, poiché nella corta distanza il rischio di essere colpiti frequentemente è più alto.

Caratteristiche principali

Una delle qualità essenziali dei pugili Swarmer è il gioco di gambe. Devono essere veloci e agili in piedi per entrare nella guardia del loro avversario e tirare pugni. Gli Swarmers sono abili nello schivare i colpi e avanzare tessendo il loro percorso nella guardia dell'avversario. Tuttavia, necessitano di riflessi eccellenti, un buon senso della distanza e una grande capacità di anticipazione per mettere a segno colpi efficaci.

Nella cultura popolare

Lo stile Swarmer è stato utilizzato con successo da pugili come Mike Tyson, famoso per i suoi attacchi implacabili, combinazioni veloci e la sua potenza di colpo devastante. Tyson ha usato questo stile per vincere il campionato dei pesi massimi all'età di vent'anni, diventando il più giovane campione dei pesi massimi della storia. Altri pugili degni di nota che hanno utilizzato lo stile Swarmer includono Joe Frazier, Roberto Durán e Julio César Chávez.

Lo stile Swarmer è un modo di combattere entusiasmante ed efficace. Richiede resistenza eccezionale, un ottimo gioco di gambe e una pressione costante sull'avversario. Gli Swarmers sono noti per la loro abilità di penetrare nella guardia degli avversari e sferrare colpi potenti in rapida successione.

Scatenare la forza dello stile Out-Boxer

La boxe è uno sport di combattimento che richiede disciplina, concentrazione, velocità e strategia per vincere. Uno degli stili più affascinanti è la tecnica dell'Out-Boxer. Questo stile si concentra sui colpi dalla lunga distanza, sulla mobilità e sul gioco di gambe per superare e neutralizzare l'avversario. Esaminiamo una panoramica dello stile Out-Boxer, come funziona e perché rappresenta una strategia eccellente da aggiungere all'arsenale di un pugile.

Lo stile Out-Boxer è spesso definito come il "colpisci e non farti colpire". L'obiettivo principale è mantenere una distanza di sicurezza dall'avversario, utilizzando molto gioco di gambe e mobilità mentre ci si concentra su colpi dalla lunga distanza. Questa tecnica richiede riflessi rapidi, tempismo preciso ed eccellente coordinazione occhio-mano, elementi essenziali per qualsiasi pugile di successo.

Per padroneggiare lo stile Out-Boxer, un pugile deve conoscere i diversi tipi di colpi e combinazioni. Il jab è un colpo essenziale, usato sia in attacco che in difesa. È efficace per mantenere l'avversario a distanza e preparare altri colpi. Colpi come il cross, il gancio e il montante vengono utilizzati per creare angoli, interrompere l'equilibrio dell'avversario e aprire opportunità per i contrattacchi.

Il gioco di gambe è una parte fondamentale dello stile Out-Boxer. I pugili devono essere mobili ed efficienti nello spostarsi dentro e fuori dalla distanza mantenendo equilibrio e tecnica. Il gioco di gambe dell'Out-Boxer combina movimenti come le rotazioni (pivot), le circolazioni attorno all'avversario e gli spostamenti laterali, consentendo al pugile di superare rapidamente l'avversario e trovarsi in una posizione vantaggiosa. Nello stile Out-Boxer, la difesa ha un ruolo centrale e viene considerata prioritaria rispetto all'offensiva. I pugili utilizzano il loro gioco di gambe per girare intorno all'avversario ed evitare i colpi. Inoltre, fanno affidamento sulla guardia, sui movimenti della testa e su una combinazione di blocchi, schivate e deviazioni (slip e parry) per evitare di essere colpiti, preparandosi nel frattempo per i contrattacchi.

Una delle sfide principali dello stile Out-Boxer è la grande resistenza fisica che richiede. I pugili devono muoversi rapidamente per un tempo prolungato, sferrare colpi dalla distanza e mantenere precisione, tempismo e velocità. Devono avere la pazienza di aspettare il momento giusto per colpire, usando un movimento superiore per creare opportunità per sferrare colpi decisivi. Lo stile Out-Boxer è un'eccellente strategia nella boxe, che offre una miscela unica di velocità, precisione e mobilità. È una tecnica intelligente che consente al pugile di controllare il ritmo del combattimento mantenendo l'avversario a distanza di sicurezza. Padroneggiare questo stile, tuttavia, richiede disciplina, concentrazione, un allenamento costante e lo sviluppo di abilità e di tecniche specifiche ed efficaci.

Gli aspiranti pugili possono saperne di più e padroneggiare lo stile Out-Boxer osservando ed emulando i grandi campioni, e lavorando con allenatori esperti che conoscono le sfumature di questa tecnica. Se aspiri a diventare un pugile di successo, considera l'idea di incorporare lo stile Out-Boxer nel tuo repertorio e preparati a scatenare la tua forza e precisione sul ring.

Cos'è lo stile Slugger nella boxe e perché dovresti provarlo?

La boxe ti offre un allenamento completo per tutto il corpo, migliorando al contempo la tua coordinazione e le tue capacità atletiche generali. Tuttavia, con così tanti stili di boxe diversi, trovare quello più adatto a te potrebbe sembrare complicato. È qui che entra in gioco lo stile Slugger, una forma di boxe che combina potenza e aggressività. Se ami il combattimento ravvicinato, potrebbe essere lo stile perfetto per te. Scopriamo insieme cosa lo rende unico.

Un concentrato di potenza

Lo stile Slugger è noto per basarsi principalmente sulla potenza e sui colpi forti. Questo significa che lo slugging si concentra sullo sferrare pugni potenti e assorbire colpi pesanti, invece di affidarsi alla velocità e all'agilità, come accade in altri stili di boxe. Lo stile Slugger è perfetto per chi ha una predisposizione naturale alla forza fisica e alla resistenza.

Incentrato sul combattimento a distanza ravvicinata

Un altro elemento fondamentale di questo stile è il focus sul combattimento a distanza ravvicinata. Per avere successo come Slugger, devi sentirti a tuo agio nella "pocket" (ossia nella corta distanza), lanciando e incassando colpi in situazioni di grande pressione e poco spazio. Se ti piace il combattimento aggressivo e ravvicinato, lo stile Slugger potrebbe essere la scelta giusta per te.

Ideale per pugili più alti

Se sei alto più di un metro e ottanta, trovare uno stile di boxe che ti si addice può essere complicato. Molte tecniche di boxe si basano sull'agilità e sulla velocità e possono essere più difficili da eseguire per i pugili più alti. Tuttavia, lo stile Slugger è perfetto per chi è più alto, poiché enfatizza la forza e la potenza, caratteristiche che si sposano bene con pugili dotati di un allungo maggiore.

L'importanza della difesa

Sebbene lo stile Slugger dia priorità all'offensiva e ai colpi potenti, è fondamentale sviluppare solide capacità difensive. Poiché sei costantemente nella corta distanza, devi proteggerti dai colpi in arrivo. Senza una difesa adeguata, ti esponi a colpi al corpo che possono ridurre la tua resistenza, compromettere la respirazione e indebolire la tua guardia. È quindi essenziale allenarti costantemente per perfezionare le tue tecniche difensive e proteggerti dagli attacchi più vigorosi.

Promuove la disciplina e la concentrazione

Ogni stile di boxe necessita di duro lavoro e dedizione. Lo stile Slugger non fa eccezione: richiede molta pratica e concentrazione, ma i risultati ripagano ampiamente. Concentrandoti su movimenti e tecniche che sfruttano la forza fisica, lo stile Slugger ti insegna una disciplina che può essere applicata anche in altre sfere della vita. Con pratica costante e perseveranza, imparerai a mantenere la concentrazione e a superare gli ostacoli, sia dentro che fuori dal ring.

Lo stile Slugger è uno stile di boxe unico, ideale per chi desidera mettere in risalto la propria forza fisica e le capacità di combattimento ravvicinato. Questa tecnica offre un modo dinamico e impegnativo per migliorare resistenza, forza e agilità. Lo stile Slugger richiede dedizione e impegno costante, ma i benefici fisici e la disciplina che si sviluppano sono straordinari. Se stai pensando di esplorare diversi stili di boxe, lo stile Slugger rappresenta un'ottima opzione per migliorare il tuo allenamento e portare le tue capacità a un livello superiore.

Scatenare il contrattacco: perché vale la pena imparare questo stile di boxe

Una tecnica nella boxe che può darti un vantaggio sul tuo avversario è il contrattacco. Questo stile di boxe utilizza le mosse aggressive del tuo avversario e le trasforma in opportunità per un contrattacco potente ed efficace. Sebbene padroneggiare uno stile di boxe richieda tempo e impegno, vale la pena imparare questo stile. Vediamo insieme perché.

L'elemento sorpresa

Il contrattacco sfrutta le aspettative dell'avversario. In un momento, l'avversario pensa di avere il controllo; un attimo dopo, viene colpito e sorpreso dall'efficacia del tuo contrattacco. Questo ti permette di prendere il controllo del match, minando la fiducia dell'avversario e rendendolo più esitante ad attaccare di nuovo.

L'importanza della difesa

Come ogni pugile sa, la difesa è importante tanto quanto l'attacco. Nel contrattacco, la difesa è in primo piano. Ti concentrerai su tecniche come schivare, intrecciare e bloccare gli attacchi dell'avversario per creare aperture da sfruttare con un contrattacco mirato.

Il pensiero strategico

Il contrattacco richiede molta strategia e tempismo. Devi essere in grado di leggere i movimenti del tuo avversario, anticipare i suoi attacchi e sapere quando colpire per massimizzare l'efficacia del tuo contrattacco. Questo non solo migliora le tue abilità pugilistiche, ma ti aiuta a sviluppare una mentalità più strategica.

La versatilità

Uno dei maggiori vantaggi del contrattacco è la sua versatilità. Questa tecnica può essere utilizzata contro vari tipi di avversari, dai combattenti aggressivi ai pugili più calcolatori, rendendola una competenza preziosa da aggiungere al tuo arsenale. La chiave è la pratica costante per affinare le tue abilità e mantenere alta la concentrazione, così da avere sempre un vantaggio sul ring.

Lo sviluppo della sicurezza

Infine, imparare il contrattacco può fare miracoli per la tua sicurezza sul ring. Man mano che diventi più abile con questa tecnica, acquisirai un controllo maggiore durante i combattimenti, il che ti porterà a muoverti con audacia e sicurezza, migliorando così le tue prestazioni e aumentando le probabilità di vittoria. La sicurezza acquisita nel padroneggiare questa tecnica è difficile da sottovalutare e rappresenta un risultato che vale tutto l'impegno necessario.

Il contrattacco è una tecnica difficile da imparare, ma i suoi benefici sono innumerevoli. Dal mantenere l'avversario sulle spine al migliorare la difesa, sviluppare il pensiero strategico, la versatilità e la sicurezza, non sorprende che molti pugili lo considerino uno strumento essenziale nel loro repertorio. Quindi, la prossima volta che ti allenerai, prova a incorporare questa tecnica e osserva come crescono le tue abilità e la tua sicurezza nella boxe.

Arti Marziali Miste (MMA)

Le Arti Marziali Miste (MMA) sono una combinazione di diversi stili di arti marziali che si focalizzano su tecniche di striking (colpi) e grappling (lotta a terra). Sebbene i combattenti di MMA utilizzino prevalentemente gomitate, ginocchiate e calci per accumulare punti o mettere KO gli avversari, il pugilato rimane un aspetto fondamentale di questo sport.

Lo striking in stile pugilistico sottolinea l'importanza di un gioco di gambe preciso, dei movimenti della testa e dei colpi potenti. Esploriamo l'importanza del pugilato nelle MMA e scopriamo come i combattenti di questo sport lo utilizzino per dominare i loro avversari all'interno della gabbia.

Le arti marziali miste sono una fusione di diversi stili di combattimento.

Gioco di gambe e movimento della testa

La boxe si basa su un gioco di gambe preciso e su movimenti della testa, e lo stesso vale per le MMA. Un combattente di MMA deve essere in grado di evitare atterramenti e colpi mentre si muove all'interno della gabbia. Un gioco di gambe corretto permette al lottatore di entrare e uscire dalla distanza, mantenere la giusta posizione e modificare gli angoli di attacco in tempo reale. Il movimento della testa è fondamentale per evitare i colpi: consiste nello spostare la testa per eludere un attacco mentre si sfrutta l'occasione per sferrare un contrattacco. Questa tecnica, essenziale per i pugili, può essere integrata efficacemente anche nelle MMA.

Valutare i colpi e le combinazioni

La boxe richiede la capacità di valutare i colpi sferrati dall'avversario e anticipare quale sarà il prossimo. Saper leggere l'avversario è incredibilmente importante, sia attraverso le sue espressioni facciali, il linguaggio del corpo o il modo in cui si muove. Un pugile deve imparare a eseguire combinazioni di colpi per mettere l'avversario in difficoltà e preparare un pugno da KO. I combattenti di MMA utilizzano queste tecniche per anticipare le mosse del loro avversario e lanciare un contrattacco efficace.

Colpi potenti e difesa

Un colpo potente è un pugno con potenza da KO, capace di infliggere danni significativi all'avversario. I colpi potenti possono essere lanciati da diverse angolazioni e mirano a mandare l'avversario al tappeto o a creare un'apertura per un colpo successivo. I combattenti di MMA usano colpi potenti e li incorporano nelle tecniche ground-and-pound quando riescono a portare l'avversario al tappeto. Analogamente, la difesa di stile pugilistico è una componente fondamentale nelle MMA. I combattenti usano rotazioni di spalle, parate e scivolate per evitare colpi e contrattacchi, sfruttando le aperture lasciate dall'avversario.

Gioco di gambe e controllo della gabbia

Il gioco di gambe della boxe enfatizza il mantenimento del controllo sul ring, la creazione di angoli e il posizionamento per un attacco o una difesa. Nelle MMA, il combattente deve usare il controllo della gabbia, il che significa che deve stare lontano dalla gabbia contro un lottatore o un combattente di BJJ (Brazilian Jiu-Jitsu) mentre si posiziona per sferrare colpi efficaci. Un gioco di gambe efficiente e un buon controllo della gabbia possono fare la differenza in un incontro.

Condizionamento e Lotta del QI

Integrare il pugilato nelle MMA richiede un elevato livello di condizionamento fisico, preparazione mentale e una spiccata intelligenza di combattimento (*Fight IQ*). I combattenti devono essere preparati a sferrare pugni ad alta intensità per più round, mantenendo al contempo l'energia necessaria per lottare a terra nei round successivi. L'intelligenza di combattimento implica un alto livello di consapevolezza durante il match, che consente a un combattente di adattarsi al ritmo dell'incontro, mantenere la calma e applicare strategie in base alle abilità dell'avversario. Per diventare un pugile di alto livello nelle MMA, con un'eccellente intelligenza di combattimento, è necessario allenarsi regolarmente nella boxe, concentrarsi sul condizionamento fisico, studiare attentamente l'avversario e imparare nuove tecniche.

Che si tratti di gioco di gambe, movimento della testa, pugni potenti, difesa o persino intelligenza di combattimento, la boxe può dare ai combattenti di MMA il vantaggio necessario per dominare e vincere gli incontri. Inoltre, imparare e utilizzare correttamente queste tecniche migliora significativamente le possibilità di successo. Per questo motivo, i combattenti di MMA emergenti dovrebbero integrare la boxe nel loro regime di allenamento, per migliorare le proprie capacità, aumentare le probabilità di vittoria e, in ultima analisi, diventare campioni.

La boxe non è uno sport per deboli di cuore. L'obiettivo è mettere KO l'avversario o ottenere più punti colpendo con precisione e potenza. Tuttavia, per garantire un incontro equo, ci sono molte regole e regolamenti da seguire. Nessun pugile sceglierebbe deliberatamente di essere penalizzato per un fallo.

Il Codice di Queensberry rappresenta lo standard per tutti gli incontri di boxe. Al di là delle regole, esistono stili di combattimento diversi adottati dai pugili. Alcuni sono Swarmers, sempre all'attacco, mentre altri sono Out-boxers, che preferiscono combattere dalla distanza. Ci sono gli Sluggers, che puntano tutto sul colpo da KO, e i Counterpunchers, che aspettano il momento giusto per colpire. Con la crescente popolarità delle Arti Marziali Miste (MMA), la boxe ha assunto una nuova dimensione. Grazie a una combinazione di stili e regole, la boxe è uno sport che non smette mai di sorprenderti e tenerti all'erta.

Capitolo 3: Iniziare con la Boxe II: Attrezzatura e Condizionamento Fisico

Sei pronto a iniziare il tuo viaggio nel mondo della boxe? Se vuoi davvero diventare un pugile, è fondamentale investire in attrezzature e equipaggiamento di alta qualità. Dai guantoni e l'abbigliamento alle fasce per le mani all'equipaggiamento per il fitness, la tua attrezzatura è fondamentale per garantirti sicurezza e prestazioni ottimali. Che tu stia cercando tessuti traspiranti o imbottiture protettive, scegliere l'abbigliamento giusto può fare una grande differenza in termini di comfort e performance. Partire con l'attrezzatura adeguata è essenziale se vuoi allenarti come un vero professionista.

Questo capitolo tratta i vari tipi di abbigliamento e attrezzatura da boxe, come fasce per le mani e guantoni. Vengono inoltre presentate tecniche di fitness per preparare il tuo corpo al combattimento. Il capitolo si conclude con consigli di pugili esperti sull'allenamento fisico. Ricorda: anche la migliore attrezzatura da boxe e le tecniche di allenamento non saranno efficaci se non segui una dieta adeguata. Alla fine di questo capitolo, avrai una comprensione più approfondita degli aspetti pratici della boxe.

La guida definitiva all'attrezzatura, all'abbigliamento e agli accessori da boxe

Se sei appassionato di boxe, sai che l'attrezzatura giusta può fare la differenza per il tuo allenamento e le tue prestazioni. La scelta dell'attrezzatura e dell'abbigliamento può essere tuttavia davvero travolgente con così tante opzioni disponibili. Questa sezione esplora e fa chiarezza su tutto ciò di cui hai bisogno per un allenamento sicuro ed efficace, dai guantoni ai paradenti, dall'abbigliamento all'attrezzatura.

Guantoni

Guantoni da boxe.

Un buon paio di guantoni è essenziale per ogni pugile. I guantoni sono disponibili in diverse misure, in genere da 8 a 20 once. Il peso corretto dipende dal tuo peso e dal tuo livello di abilità. Se sei un principiante, è meglio iniziare con un guantone più leggero. Quando scegli i guantoni, presta attenzione alla vestibilità e alla chiusura, ai lacci o al velcro. I guantoni in pelle sono più resistenti, mentre quelli ibridi con nylon e pelle sintetica sono più leggeri.

Fasce per le mani

Le fasce per le mani proteggono le mani, i polsi e le nocche.[7]

Le fasce per le mani sono importanti quanto i guantoni. Proteggono mani, polsi e nocche da possibili infortuni. Le fasce sono disponibili in diverse lunghezze, ma quella più comune è di circa 4,5 metri (equivalente a 180 pollici). Avvolgere correttamente le mani aiuta a mantenere una presa stabile all'interno dei guantoni. La tecnica base consiste nel coprire polsi, nocche e dita per garantire protezione e stabilità.

Paradenti

I paradenti aiutano a proteggere i denti.[8]

Proteggere i denti è fondamentale nella boxe. Il paradenti è un accessorio economico ed efficace che può salvarti da danni orali e, in casi gravi, anche cerebrali. I paradenti sono disponibili in due tipi principali e possono essere personalizzati per adattarsi perfettamente ai tuoi denti. Devono essere abbastanza spessi da assorbire l'impatto di un pugno.

Abbigliamento

L'abbigliamento corretto non è solo una questione estetica, ma è fondamentale per il comfort e la sicurezza. I pantaloncini da boxe sono in genere larghi e arrivano a metà coscia per garantire la massima mobilità. Un buon paio di scarpe da allenamento che supporti le caviglie è essenziale. Infine, indossa una maglietta in cotone o un gilet abbinato a un reggiseno sportivo (per le donne) per garantire il massimo comfort durante l'allenamento.

Attrezzatura da boxe

Ultimo ma non meno importante è l'attrezzatura da boxe. Sono disponibili varie attrezzature, tra cui sacchi da velocità, pesanti e a doppia estremità. Assicurati sempre che l'attrezzatura si adatti alle tue capacità fisiche. Utilizzare l'attrezzatura giusta ti permetterà di ottenere il massimo dai tuoi allenamenti e migliorare costantemente le tue prestazioni.

L'arte e la scienza di fasciare le mani per la boxe

Se prendi sul serio la boxe, sai quanto sia importante proteggere le mani durante l'allenamento e le competizioni. Una corretta fasciatura fornisce un supporto fondamentale e protegge polsi, nocche e dita. Inoltre, migliora la potenza dei tuoi colpi e riduce il rischio di infortuni. In questa sezione, parleremo dell'arte e della scienza di fasciare le mani per la boxe.

Scegliere il giusto tipo di fasce per le mani

Sul mercato sono disponibili diversi tipi di fasce per le mani, dalle classiche fasce in cotone alle fasce in gel con imbottiture aggiuntive. La scelta dipende dalle tue preferenze e dalle tue esigenze. Le fasce in cotone sono l'opzione più comune ed economica. Tuttavia, se hai bisogno di maggiore protezione, una fascia in gel potrebbe essere più adatta.

Preparare le fasce in modo corretto

Prima di iniziare a fasciare le mani, assicurati che le fasce siano pulite e asciutte. L'umidità o il sudore possono causare irritazioni e fastidi durante l'allenamento o il combattimento. Inoltre, arrotola le fasce in modo ordinato e conservale in una busta sigillabile per evitare che si aggroviglino inutilmente e per mantenere la loro elasticità. Se utilizzi fasce in gel, agitalo sempre bene prima di applicarle.

Tecnica di fasciatura

Non esiste una tecnica universale per fasciare le mani: ci sono molte varianti, e spetta a te trovare quella più adatta alla forma e alla dimensione delle tue mani. Ecco una guida generale relativa alla tecnica più comune:

1. Inizia facendo passare la fascia intorno al pollice con il passante
2. Avvolgi il polso più volte, creando una base per le nocche
3. Avvolgi le nocche più volte, incrociando la fascia sul dorso della mano
4. Copri il pollice e continua a fasciare verso il polso, fissando la fascia con il velcro o del nastro adesivo

Errori comuni da evitare

Alcuni errori comuni che le persone commettono quando si fasciano le mani possono ridurre l'efficacia delle fasce o causare disagio e infortuni. Ecco cosa evitare:

1. Fasciare troppo stretto, limitando il flusso sanguigno e la mobilità
2. Non coprire il pollice, lasciandolo così vulnerabile
3. Avvolgere le nocche troppo strette o troppo larghe, compromettendo la protezione o riducendo la mobilità

Mantenere le fasce

Dopo l'allenamento o il combattimento, rimuovi delicatamente le fasce e puliscile accuratamente, lasciandole asciugare all'aria. Il sudore e i batteri possono accumularsi, causando cattivi odori e irritazioni. Inoltre, sostituisci le fasce immediatamente se perdono elasticità o mostrano segni di usura. Una fascia allentata non fornirà il supporto e la protezione necessari.

Fasciare le mani può sembrare un dettaglio minore, ma ha un impatto significativo sulle tue prestazioni e sulla tua sicurezza nella boxe. Scegliere le fasce giuste, prepararle correttamente e utilizzare una tecnica di fasciatura adeguata garantisce supporto, comfort e protezione ottimali. Ricorda di evitare gli errori comuni e di prenderti cura delle tue fasce per prolungarne la durata e l'efficacia. Seguendo questi consigli, puoi essere certo che le tue mani saranno protette e pronte a sferrare colpi da KO sul ring.

I migliori indumenti e guantoni per la boxe

Che tu sia un principiante o un pugile con esperienza, avere l'abbigliamento e i guantoni giusti è fondamentale per migliorare le prestazioni e proteggerti dagli infortuni. Con così tante opzioni disponibili, capire su quali articoli investire può sembrare complicato. Questa sezione esplora i migliori indumenti e guantoni per la boxe.

I guantoni da boxe

I guantoni da boxe sono l'attrezzatura più importante in questo sport. Proteggono le mani e i polsi dagli infortuni, permettendoti di sferrare pugni potenti. La scelta dei guantoni dovrebbe basarsi sui tuoi obiettivi e sul tuo livello di esperienza. Idealmente, i principianti dovrebbero optare per guantoni più leggeri, con un peso tra 10 e 14 once, mentre i professionisti possono scegliere guantoni più pesanti, tra 16 e 20 once. Marchi rinomati come EverLast, Cleto Reyes, Winning e Rival producono guantoni di alta qualità.

Le scarpe da boxe

Le scarpe da boxe possono migliorare le tue prestazioni.

Le scarpe da boxe dovrebbero essere leggere, di supporto e stabili quando ti muovi sul ring. Scegli scarpe con una suola in gomma per aiutarti a ruotare meglio e con un collo alto che offra supporto adeguato per prevenire distorsioni alle caviglie. Marchi come Adidas, Title e Ringside sono tra i migliori da considerare quando cerchi scarpe da boxe di qualità.

I pantaloncini da boxe

I pantaloncini da boxe non devono necessariamente essere costosi, ma è essenziale che siano comodi e permettano una libertà di movimento totale. Evita i pantaloncini in cotone, poiché assorbono troppo il sudore e diventano pesanti. Opta invece per modelli in nylon o poliestere con spacchi laterali per migliorare la flessibilità. Tra i marchi consigliati ci sono RDX, Venum e Hayabusa.

Il casco protettivo

Se vuoi dedicarti allo sparring, devi assolutamente indossare un casco protettivo. Il casco protettivo offre un ulteriore livello di protezione, riducendo il rischio di tagli e lesioni cerebrali. Il tuo casco protettivo dovrebbe adattarsi perfettamente e avere un'imbottitura adeguata per assorbire gli impatti. Tra i marchi più conosciuti per la produzione di caschetti di alta qualità ci sono Title, Ringside e Winning.

L'attrezzatura da boxe è un investimento essenziale per migliorare le tue abilità. L'attrezzatura giusta migliora le tue prestazioni e ti protegge dagli infortuni. I guantoni, le scarpe, i pantaloncini, le fasce per le mani e il casco protettivo sono gli articoli che non possono mancare nella tua borsa da allenamento. Investendo in attrezzature di alta qualità provenienti da marchi affidabili, farai un passo in più verso il raggiungimento del tuo obiettivo di diventare un pugile professionista.

Fitness per pugili: allena il tuo corpo e la tua mente per diventare un campione

La boxe è uno degli sport più popolari al mondo, nonché un ottimo modo per mantenersi in forma e in salute. Diventare un pugile di successo richiede impegno e dedizione: non si tratta solo di colpire forte, ma anche di tecnica, velocità, agilità e resistenza. Questa sezione affronta tutto ciò che riguarda il fitness per pugili.

Chiunque può iniziare ad allenarsi come pugile?

La risposta è un grande SÌ. Chiunque sia appassionato di boxe può iniziare a imparare e allenarsi come pugile. Indipendentemente dall'età o dal tipo di corporatura, la boxe è uno sport accessibile a tutti. Tuttavia, è fondamentale sapere che si tratta di uno sport intenso che richiede concentrazione e disciplina. Quindi, se sei disposto a lavorare sodo e faticare, non c'è motivo per cui tu non possa diventare un ottimo pugile.

Allena il tuo corpo per la boxe

La boxe è uno sport estremamente impegnativo, che richiede molto dal corpo. Una preparazione adeguata è quindi fondamentale. Gli esercizi cardiovascolari sono una parte essenziale dell'allenamento: includi corsa, salto con la corda e ciclismo nella tua routine, oltre a esercizi di potenziamento muscolare come flessioni, trazioni e squat, davvero indispensabili per sviluppare braccia, gambe e core forti.

La dieta e il suo ruolo nella boxe

Una dieta sana ed equilibrata è altrettanto importante per permettere ai pugili di dare il massimo. I pugili hanno bisogno di molta energia per affrontare allenamenti intensi e incontri. La soluzione migliore è seguire una dieta ricca di proteine, carboidrati e grassi sani, includendo alimenti come pollo, pesce, cereali integrali, verdure e frutta. È inoltre fondamentale rimanere idratati durante la giornata, poiché la disidratazione può influire negativamente sulle prestazioni.

Salute mentale e boxe

La boxe richiede un'immensa concentrazione e forza mentale. Lo stato mentale di un pugile influisce direttamente sulla sua performance, perciò è essenziale lavorare anche sulla salute mentale. Pratica tecniche come meditazione, yoga o visualizzazione per mantenere la calma e la concentrazione durante gli incontri. Inoltre, è importante fissare obiettivi raggiungibili e celebrare ogni piccolo successo lungo il percorso.

Allenamento generale della forza

L'allenamento della forza non è più riservato solo ai bodybuilder o ai sollevatori di pesi. È diventato una parte indispensabile di ogni programma di fitness, e chiunque, indipendentemente dall'età o dal sesso, può trarne beneficio. Essendo esperti di forza e condizionamento, i pugili hanno preziosi consigli da offrire. I loro regimi di allenamento non puntano solo a migliorare le abilità nella boxe, ma anche a sviluppare forza fisica generale. Questa sezione copre alcuni dei migliori consigli sull'allenamento della forza forniti da pugili esperti.

Non saltare il riscaldamento

Prima di un allenamento intenso, è essenziale eseguire un riscaldamento adeguato. I pugili consigliano di iniziare con esercizi aerobici leggeri per stimolare la circolazione sanguigna. Alcuni dei loro esercizi di riscaldamento preferiti includono jumping jack, corsa leggera, salto della corda e shadowboxing. Questi esercizi aiutano ad aumentare la frequenza cardiaca, riscaldare i muscoli e ridurre il rischio di infortuni.

Concentrati sugli esercizi composti

Il modo migliore per aumentare la forza complessiva è concentrarsi su esercizi composti. Questi esercizi coinvolgono più gruppi muscolari contemporaneamente. Esempi di esercizi composti includono squat, affondi, stacchi da terra, distensioni su panca e trazioni alla sbarra. Questi movimenti contribuiscono a sviluppare forza e stabilità, migliorando sia le tecniche di boxe che la salute fisica generale.

Incorpora esercizi pliometrici

Gli esercizi pliometrici prevedono salti e movimenti esplosivi per sviluppare la potenza esplosiva. I pugili spesso includono esercizi pliometrici per migliorare la velocità, l'agilità e la coordinazione. Gli esercizi pliometrici includono box jump, burpees, jump squat, clap push-up e altro ancora.

Prenditi dei giorni di riposo

È essenziale evitare il sovrallenamento: i pugili esperti raccomandano di inserire giorni di riposo tra un allenamento e l'altro per permettere alle fibre muscolari di rigenerarsi e ripararsi. Il riposo è tanto importante quanto l'esercizio fisico per lo sviluppo della forza, quindi programma il riposo all'interno della tua routine. Idealmente, dovresti concederti 2-3 giorni di riposo a settimana e dedicare i restanti giorni all'allenamento della forza.

Sii costante

La costanza è la chiave per raggiungere i tuoi obiettivi nell'allenamento della forza. Non si tratta di allenarsi tutti i giorni per una settimana e poi smettere, ma di mantenere una routine regolare nel tempo per ottenere risultati duraturi. I pugili consigliano di puntare ad almeno 3-4 sessioni di allenamento della forza a settimana, aumentando gradualmente i pesi man mano che si progredisce.

Incorporare l'allenamento della forza nelle tue routine di fitness ti aiuta a costruire muscoli più forti, aumenta la resistenza e migliora la tua salute fisica generale. Ascoltare e imparare dagli esperti, come i pugili, ti permetterà di creare un programma di allenamento più efficace. Ricorda di iniziare con un buon riscaldamento, concentrarti sugli esercizi composti, includere esercizi pliometrici, prenderti giorni di riposo e mantenere la costanza. Seguendo questi consigli, potrai raggiungere i tuoi obiettivi di forza e migliorare la tua salute complessiva.

Esercizi per il core per migliorare la potenza dei pugni

Che tu sia un pugile professionista o un appassionato di arti marziali, avere un core solido è fondamentale per sferrare pugni potenti. La forza del core riguarda i muscoli addominali, dorsali e dell'anca, che lavorano insieme per stabilizzare il corpo e trasferire la forza dal terreno fino ai pugni. Questa sezione presenta cinque esercizi pratici per il core, ideali per migliorare la potenza dei pugni e portare le tue prestazioni al livello successivo.

Plank

I plank sono eccellenti per aumentare la forza del core coinvolgendo tutta la parte centrale del corpo, compresi addominali, schiena e anche. Il plank di base consiste nel mantenere una posizione di flessione il più a lungo possibile, mantenendo il corpo dritto e parallelo al pavimento. Per aggiungere una sfida in più, esegui variazioni di plank, come plank laterali, con sollevamento delle gambe o dinamico. Incorporando i plank nella tua routine di allenamento, svilupperai una stabilità e un controllo eccezionali, permettendoti di sferrare pugni più potenti con minor sforzo.

Russian Twist

Il Russian Twist è un esercizio eccellente per allenare gli obliqui, i muscoli situati ai lati della vita. Per eseguire questo esercizio:

1. Siediti a terra con i piedi appoggiati sul pavimento e le ginocchia piegate.
2. Tieni un peso o una palla medica con entrambe le mani e ruota il busto verso destra, toccando il peso a terra.
3. Gira a sinistra e ripeti il movimento. Questo esercizio sviluppa la potenza rotazionale del busto, che è essenziale per generare forza nei pugni.

Russian Twist.

Dead Bug

L'esercizio Dead Bug si concentra sulla parte bassa degli addominali e aiuta a migliorare la stabilità dei muscoli del core. Per eseguirlo:

1. Sdraiati sulla schiena con le braccia e le gambe distese verso il soffitto.
2. Abbassa il braccio destro e la gamba sinistra finché non sfiorano il pavimento, poi torna alla posizione di partenza e ripeti sul lato opposto.
3. Mantieni la parte bassa della schiena aderente al pavimento per evitare inarcamenti e mantenere una postura corretta durante l'esercizio.

Dead Bug.

Medicine Ball Slam

I Medicine Ball Slam sono un ottimo esercizio per sviluppare la potenza esplosiva nei pugni, allenando il corpo a trasferire rapidamente la forza. Ecco come eseguirlo:

1. Stai in piedi con i piedi alla larghezza delle spalle e tieni una palla medica sopra la testa.
2. Lancia la palla verso il suolo con tutta la forza possibile, poi riprendila al rimbalzo e ripeti il movimento.

Questo esercizio migliora velocità e potenza, permettendoti di sferrare pugni rapidi e devastanti.

Medicine Ball Slam.

Bicycle Crunches

I Bicycle Crunch sono un classico esercizio per il core che coinvolge gli addominali e gli obliqui, sviluppando la forza rotazionale del busto. Ecco come eseguirlo:

1. Sdraiati sulla schiena con le mani dietro la testa e le ginocchia piegate.
2. Solleva le scapole da terra e porta il gomito destro verso il ginocchio sinistro mentre estendi la gamba destra dritta.
3. Cambia lato e ripeti il movimento.

Eseguire molte ripetizioni di bicycle crunch aumenta la resistenza e la forza del core, fondamentali per la boxe.

Bicycle Crunches. [10]

Migliorare la potenza dei pugni richiede una combinazione di allenamento mirato e tecnica, ma rafforzare il core con esercizi specifici può fare una differenza significativa. Integra questi cinque esercizi per il core nella tua routine di allenamento e noterai miglioramenti evidenti in termini di stabilità, potenza e velocità. Ricorda di concentrarti sulla forma corretta e di aumentare gradualmente l'intensità degli esercizi per ottenere i migliori risultati. Con dedizione e costanza, porterai la tua potenza di pugno al livello successivo e dominerai il ring.

Allenamento a intervalli e altre opzioni per migliorare come pugile

Sei un pugile in cerca di modi per migliorare le tue abilità? O magari sei alle prime armi e vuoi capire come progredire? Qualunque sia la tua situazione, questa sezione ti introduce all'allenamento a intervalli e ad altre opzioni per migliorare come pugile. I suggerimenti ti aiuteranno non solo a perfezionare le tue abilità, ma anche ad aumentare la resistenza e raggiungere i tuoi obiettivi sul ring.

Allenamento a intervalli

L'allenamento a intervalli è un metodo eccellente per sviluppare resistenza e migliorare i livelli di forma fisica. Questo allenamento prevede l'alternanza di periodi di esercizio intenso con periodi di riposo. Per esempio, potresti fare uno sprint per 30 secondi e poi riposare per 30 secondi. Questo ciclo può essere ripetuto per un tempo prestabilito o per un certo numero di ripetizioni. L'allenamento a intervalli è efficace perché spinge il corpo a lavorare più intensamente, bruciando più calorie e aumentando la resistenza. Integrare l'allenamento a intervalli nella tua routine ti garantirà benefici ottimali.

Shadowboxing (L'Allenamento al Vuoto)

Lo shadowboxing, o allenamento al vuoto, è un altro modo efficace per migliorare come pugile. Questa tecnica di allenamento consiste nel praticare le tue mosse senza un avversario. Può essere svolta ovunque ed è un ottimo modo per migliorare il gioco di gambe, i pugni e le combinazioni. Concentrati sul perfezionare la tua tecnica e la tua forma, accelerando i movimenti man mano che acquisisci più sicurezza. Lo shadowboxing può essere utilizzato come riscaldamento o come esercizio autonomo per affinare le tue abilità.

Sparring (Allenamento con un Partner)

Lo sparring è una componente essenziale dell'allenamento nella boxe. Ti permette di esercitarti con le tue mosse in un ambiente realistico e di imparare dai tuoi errori. Lo sparring si svolge con un partner o un allenatore e rappresenta un ottimo modo per migliorare il tempo di reazione e l'agilità. Assicurati di indossare le protezioni adeguate, come casco, paradenti e guantoni, e inizia con un ritmo lento per evitare infortuni. Con il tempo e l'esperienza, aumenta gradualmente l'intensità delle sessioni di sparring.

Condizionamento cardiovascolare

Il condizionamento cardiovascolare è fondamentale per qualsiasi atleta, ma lo è ancora di più per i pugili. Questo tipo di allenamento migliora la resistenza e consente di mantenere un alto ritmo di lavoro durante i combattimenti. Integra nella tua routine esercizi cardiovascolari come corsa, nuoto, ciclismo o l'uso di attrezzature cardio in palestra.

Punta ad almeno 30 minuti di esercizio cardiovascolare al giorno o più se stai preparando un incontro.

Investi in guantoni di qualità, fasce per le mani e un paradenti per proteggerti dagli infortuni e avere maggiore sicurezza sul ring. Una volta ottenuta l'attrezzatura giusta, è il momento di concentrarti sulla tua condizione fisica. La boxe richiede forza, resistenza e agilità, quindi incorpora cardio, allenamento della forza ed esercizi di flessibilità nella tua routine. Ricorda: lavorare sul gioco di gambe e sull'equilibrio è fondamentale. Con l'attrezzatura adeguata e la giusta preparazione fisica, sarai pronto a salire sul ring e liberare il pugile che è in te.

Capitolo 4: Posizioni, Guardie e Gioco di Gambe

La boxe è uno sport incredibile che richiede forza fisica, agilità mentale e riflessi rapidi. Uno degli aspetti più importanti della boxe è la tua posizione, che determina l'efficacia dei tuoi movimenti e pugni. Una posizione forte e stabile è fondamentale per avere il controllo durante un incontro. Le guardie, altrettanto essenziali, servono sia a proteggerti dai colpi in arrivo sia a prepararti per contrattaccare. Ma non dimenticare il gioco di gambe. Un corretto gioco di gambe ti consente di muoverti sul ring con sicurezza e schivare i colpi in arrivo.

Questi componenti favoriscono un combattimento emozionante e dinamico, e padroneggiare queste abilità può portarti un passo avanti verso il diventare un campione. Questo capitolo fornisce posizioni, guardie e tecniche di gioco di gambe essenziali per aiutarti a iniziare. Ricorda che per diventare un pugile completo è necessario allenare il corpo, la mente e lo spirito. Prendi a cuore i consigli degli esperti menzionati in questo capitolo e sarai sulla buona strada per migliorare le tue abilità e portare il tuo gioco di boxe al livello successivo.

Mettersi in posizione: capire le diverse posizioni di boxe

Una delle prime cose che impari quando ti alleni per la boxe è l'importanza della tua posizione. Il modo in cui posizioni i piedi, le mani e il corpo fa la differenza per il successo dei tuoi pugni e l'efficacia della tua difesa. In questa sezione verranno spiegate le basi delle stance più comuni nella boxe, con consigli per passare da una all'altra senza difficoltà.

La posizione ortodossa

La posizione ortodossa è considerata la posizione standard nella boxe. [11]

La posizione ortodossa è la più comune nella boxe. È così nota che viene spesso chiamata la posizione "normale". In una posizione tradizionale, il lato sinistro è rivolto in avanti e il piede sinistro è davanti al destro. La mano sinistra è tenuta alta per proteggere il viso, mentre la mano destra è tenuta vicino al mento per sferrare pugni potenti. Questa posizione fornisce una buona combinazione di attacco e difesa, quindi molti pugili principianti iniziano qui. Ricorda: tieni sempre il gomito sinistro piegato vicino al corpo in una posizione ortodossa.

La posizione mancina

La posizione mancina è meno comune, ma è essenziale nella boxe. In questa posizione, il lato destro è rivolto in avanti e il piede destro è davanti al sinistro. La mano sinistra è tenuta vicina al viso mentre la mano destra è estesa per sferrare jab e ganci. I mancini possono essere difficili da combattere perché la loro posizione non è familiare alla maggior parte dei pugili e i loro pugni provengono da angolazioni inaspettate. Questa posizione richiede più abilità e pratica per essere padroneggiata. Tuttavia, una volta che ti senti a tuo agio, la posizione mancina può essere ottima per sorprendere i tuoi avversari.

La posizione mancina è meno comune nella boxe.

Cambiare posizione

La capacità di cambiare posizione rapidamente è fondamentale per i pugili.

I pugili devono avere la capacità di cambiare posizione in modo rapido ed efficace. Questa abilità può essere un'arma potente quando si combatte contro avversari più a loro agio nel combattere da una particolare posizione. Per cambiare posizione, fai un passo avanti o indietro con il piede posteriore, ruota il piede anteriore e ruota i fianchi. Mantieni la guardia alta durante la transizione per proteggerti dai contrattacchi. Esercitati a cambiare posizione regolarmente per assicurarti di sentirti a tuo agio e sicuro con la posizione ortodossa e mancina.

Adattare la posizione

La posizione di un pugile deve essere adattata in base alla situazione. Per esempio, se combatti contro un avversario più alto, abbassare la tua posizione ti permette di evitare i suoi colpi dall'alto e di sferrare pugni potenti al corpo. Al contrario, se combatti contro un avversario più basso, alzare leggermente la posizione è più efficace per tenerlo a distanza con jab e colpi lunghi. Presta attenzione alla posizione del tuo avversario e regola la tua per ottenere un vantaggio.

I vantaggi di una posizione corretta

Una posizione corretta nella boxe ti permette di sferrare pugni potenti e precisi, mantenendoti al sicuro dai colpi dell'avversario. La postura giusta migliora il tuo equilibrio e il tuo gioco di gambe, consentendoti di muoverti rapidamente ed efficacemente sul ring. Quando sei nella posizione corretta, la tua difesa è molto più solida e sei in grado di impostare combinazioni potenti per mettere KO anche gli avversari più duri.

La posizione è la base della tecnica pugilistica, ed è essenziale padroneggiarla fin dalle prime fasi del tuo allenamento. Comprendendo le diverse posizioni, praticando i cambi di posizione e adattandoti a situazioni variabili, sarai sulla buona strada per diventare un combattente formidabile. Ricorda: una posizione corretta non riguarda solo l'aspetto estetico sul ring, ma anche la capacità di sferrare pugni potenti ed evitare i colpi avversari. Con tempo, pratica e dedizione, puoi diventare un pugile esperto con una padronanza impressionante delle diverse posizioni. Quindi, mettiti in posizione e lascia volare i tuoi pugni!

Tecniche difensive: guardie e metodi di blocco

Nella maggior parte degli sport, la difesa è importante quanto l'attacco. Dopotutto, anche le migliori squadre non possono vincere se non riescono a fermare l'avversario. Questo principio è ancora più vero negli sport da combattimento come la boxe e le arti marziali, dove la capacità di difendersi è fondamentale. Uno degli aspetti più importanti della difesa è l'uso delle guardie e delle tecniche di blocco. Questa sezione esplora tre metodi fondamentali: la guardia alta, la guardia bassa e la tecnica slip and roll (schivata e rotazione). Imparerai a difenderti in modo efficace contro gli attacchi dei tuoi avversari.

La guardia alta

Questa è una delle tecniche più comuni negli sport da combattimento, soprattutto nella boxe. Per eseguire la guardia alta, solleva entrambe le mani davanti al viso. I palmi devono essere rivolti verso l'interno e le dita devono essere ben chiuse a pugno. Tieni i gomiti vicini alla cassa toracica per proteggere il corpo. La guardia alta è particolarmente efficace per deviare i colpi diretti alla testa. Tuttavia, lo svantaggio di questa tecnica è che può rendere difficile contrattaccare in modo efficace, quindi è meglio usarla in una posizione puramente difensiva.

La guardia alta è particolarmente utile per difendere il viso.

La guardia bassa

Un'altra tecnica è la guardia bassa. Questa tecnica è utile quando difendi il tuo corpo. Per eseguire la guardia bassa, abbassa le mani e avvicinale al corpo. I palmi devono essere rivolti verso l'esterno, mentre le dita devono essere rilassate. Piega leggermente le ginocchia per rendere più difficile all'avversario colpire il tuo stomaco. La guardia bassa ti permette di difendere meglio il corpo, ma ti rende più vulnerabile ai colpi diretti alla testa. Per questo motivo, è essenziale mantenere la testa in movimento per ridurre il rischio di essere colpiti.

La guardia bassa è utile per proteggere il corpo.

Slip and Roll (schivata e rotazione)

La tecnica dello slip-and-roll può lasciare l'avversario esposto. [12]

L'ultima è la tecnica lo slip-and-roll (schivata e rotazione). Questa tecnica consiste nello spostare il corpo per evitare i colpi dell'avversario. Per eseguire una schivata (slip), muovi la testa di lato e, ruotando sul piede anteriore, fai in modo che il pugno dell'avversario ti manchi completamente. Per eseguire una rotazione (roll), inclina il corpo da un lato, piega le ginocchia e "pivotta" sul piede posteriore, permettendo al pugno dell'avversario di sfiorarti. Lo slip and roll è una tecnica fantastica per il contrattacco, poiché lascia l'avversario vulnerabile e sbilanciato, aprendo la strada per colpi potenti e precisi.

Queste tre guardie e tecniche di blocco sono strumenti fondamentali per difenderti negli sport da combattimento. Ogni metodo ha i propri punti di forza e debolezze, quindi è importante esercitarsi e utilizzarli strategicamente a seconda della situazione. Con abbastanza pratica, sarai in grado di anticipare le mosse dell'avversario e difenderti in modo efficace. Ricorda: la difesa è importante quanto l'attacco, e la miglior difesa è un buon attacco. Quindi, continua ad allenarti, a imparare e a perfezionarti, e diventerai un avversario imbattibile in breve tempo.

Padroneggiare le tecniche di gioco di gambe: consigli ed esercizi

La boxe non è solo un allenamento fisico straordinario, ma anche una forma d'arte. Uno degli aspetti più importanti di quest'arte è il gioco di gambe. Il gioco di gambe è essenziale poiché fornisce equilibrio e potenza ai colpi di un pugile, permettendogli di muoversi sul ring con velocità e agilità. Questa sezione approfondisce le tecniche di gioco di gambe fondamentali che ogni pugile dovrebbe conoscere. Troverai consigli pratici per migliorare immediatamente il tuo footwork e una serie di esercizi per padroneggiare queste tecniche.

Step and Slide (passo e scivolata)

Questa tecnica ti permette di allontanarti dall'avversario in modo efficiente.

Il gioco di gambe consiste nel posizionarsi correttamente per sferrare pugni e spostarsi rapidamente fuori dalla traiettoria dei colpi. Una delle tecniche di gioco di gambe più basilari è il "step and slide" (passo e scivolata). Questa tecnica consiste nel fare un passo con il piede anteriore verso l'avversario, facendo scivolare il piede posteriore in avanti e posizionandolo accanto al piede anteriore. Questo movimento consente di avanzare mantenendo l'equilibrio. È importante non avvicinarsi troppo né stare troppo lontano dall'avversario, altrimenti si rischia di perdere l'equilibrio o di esporsi ai contrattacchi.

Rotazione

Le rotazioni possono aiutarti a controllare la direzione del tuo corpo.

È una tecnica essenziale per controllare la direzione del corpo durante un colpo o mentre ci si sposta sul ring. Questa tecnica consiste nel muovere il piede anteriore ruotandolo lateralmente, facendo girare il corpo senza perdere l'equilibrio. Durante la rotazione, è fondamentale mantenere il piede posteriore ancorato o muoverlo leggermente, evitando di sbilanciarsi. Ruotare rapidamente ed efficientemente migliora la manovrabilità, consentendoti di schivare i colpi avversari o avvicinarti per sferrare un pugno.

Movimenti laterali

I movimenti laterali sono un altro elemento fondamentale del gioco di gambe nella boxe. Un ottimo modo per esercitarsi nel movimento laterale è un esercizio con la scaletta. Posiziona una scaletta piatta sul pavimento e muoviti avanti e indietro, assicurandoti di mantenere i piedi all'interno di ciascun piolo. Questo esercizio migliora rapidità e agilità, abilità essenziali per schivare i colpi e muoverti con efficienza nel ring.

Esercizi per il gioco di gambe

Oltre a esercitarti a muoverti in avanti, indietro e lateralmente, ci sono esercizi specifici che migliorano il tuo gioco di gambe. Un esercizio è lo Slalom: posiziona i coni in una formazione a zigzag e pratica movimenti a scivolata (shuffle) da un lato all'altro. Un altro esercizio è il Jump Rope: salta su una corda tenendo i piedi uniti, alternando salti in avanti e all'indietro. Infine, il Balance Pad: stai in equilibrio su un cuscino o pad di bilanciamento e pratica diverse tecniche di gioco di gambe mantenendo l'equilibrio.

Integra nella tua routine l'uso di sacchi veloci e sacchi doppio elastico. Questi strumenti simulano i movimenti di un avversario e, colpendoli, ti permettono di allenare le tecniche di gioco di gambe, migliorando i tuoi tempi di reazione. Il gioco di gambe è essenziale nella boxe perché fornisce equilibrio e potenza ai tuoi colpi, permettendoti di muoverti sul ring con velocità e agilità. Incorporando questi esercizi e tecniche nella tua routine di allenamento, padroneggerai le tue abilità di gioco di gambe in pochissimo tempo.

Padroneggiare le tecniche di gioco di gambe è fondamentale per avere successo nella boxe. Il corretto gioco di gambe può aiutarti a evitare i pugni, a entrare e uscire dalla distanza e a sferrare colpi potenti. L'uso di questi metodi e l'incorporazione di esercizi nella tua routine di allenamento migliora le tue abilità di gioco di gambe per diventare un pugile più efficace. Ricorda: il gioco di gambe è il fondamento della boxe, quindi esercitati spesso e affina le tue abilità.

Consigli vincenti dagli esperti di boxe

Che tu sia un principiante o un pugile esperto, la boxe è un allenamento intenso e gratificante. Tuttavia, per eccellere davvero in questa disciplina marziale, è necessario andare oltre le basi. Di seguito trovi una raccolta dei migliori consigli forniti dagli esperti di boxe per migliorare le tue abilità e raggiungere il massimo potenziale sul ring. Dall'equilibrio alla resistenza mentale, ogni aspetto è coperto.

Mantenere l'equilibrio: mantenere l'equilibrio è fondamentale per sferrare pugni potenti ed eludere gli attacchi del tuo avversario. Gli esperti di boxe consigliano di tenere i piedi alla larghezza delle spalle e leggermente angolati, con il peso distribuito in modo uniforme. Inoltre, piegare leggermente le ginocchia e coinvolgere il core migliora l'equilibrio e la mobilità sul ring.

Mantenere la concentrazione: la boxe richiede una concentrazione e un'attenzione intense, poiché anche la più piccola distrazione può costarti l'incontro. Gli esperti suggeriscono di praticare tecniche di consapevolezza e visualizzazione per aiutarti a rimanere concentrato e presente nel momento. Inoltre, esercitarsi con tecniche di respirazione controllata mantiene mente e corpo calmi sotto pressione, un elemento essenziale per avere successo sul ring.

Reagire rapidamente: nella boxe, la velocità è tutto. Uno dei modi migliori per migliorare il tempo di reazione è allenarsi con uno speed bag, un piccolo sacco da boxe che rimbalza rapidamente dopo ogni pugno. Colpendolo in modo costante e preciso, svilupperai la coordinazione occhio-mano e migliorerai i tempi di reazione.

Sfruttare i movimenti dell'avversario: i migliori pugili sanno come usare i movimenti del loro avversario a loro vantaggio. Per esempio, se il tuo avversario si sposta alla tua destra, puoi fare perno sul piede sinistro e sferrare un potente gancio sinistro. Studiando lo stile dell'avversario e reagendo di conseguenza, otterrai un vantaggio significativo sul ring.

Mescolare guardie e posizioni: anche se la maggior parte dei pugili adotta una posizione tradizionale, gli esperti consigliano di mescolare diverse guardie e posizioni per sorprendere l'avversario. Per esempio, alterna tra la posizione frontale, la classica posizione di boxe, e la posizione sfalsata, che ti offre maggiore potenza e versatilità nei colpi. Cambiare guardia ti consente di proteggere diverse parti del corpo e di destabilizzare l'avversario.

Sviluppare forza, potenza e agilità: la boxe è uno sport fisico e richiede forza, potenza e agilità per avere successo. Per sviluppare queste abilità, gli esperti di boxe suggeriscono di fare esercizi come squat, burpees e flessioni. Inoltre, consigliano di eseguire sprint o di utilizzare una macchina ellittica per migliorare la resistenza durante gli incontri.

Lavorare sulla coordinazione occhio-mano: la coordinazione occhio-mano è un'abilità cruciale per qualsiasi pugile e può essere migliorata attraverso la pratica. Per affinare la tecnica, gli esperti consigliano esercizi con la palla medica o shadowboxing davanti a uno specchio. Inoltre, raccomandano di giocare a sport come tennis o basket, che aiutano a migliorare questa abilità in modo naturale e dinamico.

Praticare la resistenza mentale: la boxe è un gioco mentale tanto quanto fisico. Per avere successo sul ring, gli esperti consigliano di sviluppare la resistenza mentale attraverso la visualizzazione della vittoria, la definizione di obiettivi raggiungibili e il costante impegno per dare il massimo. Inoltre, suggeriscono di visualizzare ogni colpo che sferri e di stabilire una mentalità positiva prima di ogni incontro.

Migliorare la velocità e la resistenza cardiovascolare: per raggiungere il tuo massimo potenziale sul ring, devi sferrare pugni rapidi e potenti e muoverti con agilità. Per migliorare la velocità e la resistenza cardiovascolare, gli esperti di boxe suggeriscono l'allenamento a intervalli o scatti su brevi distanze, ricordando anche di concentrarsi su esercizi mirati alle gambe per aumentare la potenza complessiva e la mobilità sul ring.

Prendersi cura del proprio corpo: la boxe è uno sport fisicamente impegnativo e prendersi cura del proprio corpo dopo ogni combattimento è essenziale. Gli esperti di boxe raccomandano di allungare delicatamente i muscoli, dormire a sufficienza, seguire una dieta sana e fare esercizi leggeri o yoga per rilassarsi. Inoltre, suggeriscono di utilizzare impacchi di ghiaccio sulle aree doloranti e di bere molta acqua per rimanere idratati.

Allenamento con un partner o un istruttore: la boxe è uno sport complesso, quindi è essenziale avere qualcuno che ti guidi e ti aiuti a sviluppare la tua tecnica. Per assicurarti di ottenere il massimo dall'allenamento, gli esperti di boxe suggeriscono di lavorare con un partner o un istruttore qualificato. Riceverai feedback sulla tua tecnica e potrai praticare diverse combinazioni in un ambiente sicuro.

Analizzare i combattimenti e le prestazioni: per migliorare come pugile, devi conoscere i tuoi punti di forza e di debolezza. Dopo ogni incontro, gli esperti di boxe consigliano di guardare i filmati del match e analizzare la tua performance. Questo ti permetterà di identificare le aree che richiedono miglioramento e di sviluppare nuove strategie per gli incontri futuri. Inoltre, è utile ricevere feedback da allenatori o istruttori per correggere eventuali errori tecnici.

Fasciare correttamente le mani: fasciare correttamente le mani è una competenza essenziale per ogni pugile e aiuta a prevenire gli infortuni sul ring. Per farlo nel modo giusto, gli esperti consigliano di applicare 10-15 cm di garza intorno a ciascuna mano. Successivamente, aggiungi uno strato di nastro sportivo, per poi infine fissare le estremità con del nastro adesivo, assicurandoti che la fasciatura sia ben aderente e sicura.

Seguire una dieta equilibrata e rimanere idratati: seguire una dieta equilibrata e rimanere idratati è fondamentale per dare il meglio di sé sul ring. Per alimentare il tuo allenamento, gli esperti di boxe suggeriscono di mangiare molte proteine magre, cereali integrali, frutta e verdura. Inoltre, raccomandano di bere molta acqua durante il giorno per mantenere il corpo idratato e funzionante in modo ottimale.

Riposare a sufficienza: il riposo e il recupero sono essenziali per qualsiasi atleta, in particolare per i pugili. Per assicurarti di riposare a sufficienza, gli esperti raccomandano di dormire almeno otto ore per notte. Suggeriscono inoltre di fare piccole pause durante la giornata per evitare stanchezza e burnout.

Dare al corpo il tempo di recuperare dopo gli allenamenti: la boxe è uno sport fisicamente estenuante, quindi è essenziale concedere al corpo il giusto tempo di recupero dopo ogni sessione di allenamento. Per accelerare il processo di recupero, gli esperti consigliano di fare bagni con ghiaccio dopo ogni allenamento e di utilizzare indumenti a compressione per ridurre il gonfiore e i dolori muscolari. Inoltre, suggeriscono di prendersi un paio di giorni di riposo a settimana per permettere al corpo di rigenerarsi completamente.

Mantenere un atteggiamento positivo: un atteggiamento positivo può fare la differenza tra successo e fallimento sul ring. Per rimanere motivato e concentrato durante l'allenamento, gli esperti suggeriscono di fissare obiettivi realistici e di celebrare ogni traguardo raggiunto. Inoltre, raccomandano di circondarti di persone positive che ti supportano e ti incoraggiano nel tuo percorso.

Imparare dai migliori: imparare dai migliori è essenziale per diventare un pugile migliore. Gli esperti di boxe suggeriscono di guardare filmati di pugili di livello mondiale e studiare le loro tecniche. Inoltre, consigliano di leggere libri e articoli scritti da pugili esperti per ottenere informazioni sulle strategie e sulle tattiche di questo sport.

Praticare le tecniche di visualizzazione: la resistenza mentale è importante quanto la forza fisica nella boxe. Per migliorare la tua resistenza mentale, gli esperti consigliano di praticare tecniche di visualizzazione. Per esempio, immagina te stesso durante un incontro e visualizza i movimenti necessari per avere successo. Inoltre, è utile dedicare del tempo ogni giorno alla visualizzazione per costruire una mentalità più solida e resiliente.

Chiudere l'incontro con energia: per terminare un incontro con energia, gli esperti di boxe suggeriscono di conservare energia per i round finali. Sottolineano di rimanere concentrato sui tuoi obiettivi e di visualizzare il successo per rimanere motivato fino alla fine. Consigliano anche di fare respiri profondi per aiutarti a rimanere calmo ed energico nei momenti decisivi di un match.

Posizione dei piedi alla larghezza delle spalle: per migliorare le tue prestazioni, inizia concentrandoti sulla posizione dei tuoi piedi. Assicurati che siano alla larghezza delle spalle. Quindi, stai dritto e tieni le mani vicino alla testa. Questa posizione ti consente di muoverti rapidamente sul ring, mantenere l'equilibrio e sferrare pugni potenti.

Muovere il piede posteriore: per sferrare un colpo, devi trasferire il peso dal piede posteriore al piede anteriore. Mantieni i piedi equilibrati e stabili per mantenere la stabilità durante il movimento distribuendo il peso in modo uniforme tra i piedi.

Mantenere i piedi paralleli e i fianchi in avanti: quando sei in piedi nella posizione da boxe, mantieni i piedi paralleli tra loro. I tuoi piedi dovrebbero puntare dritto in avanti piuttosto che angolati verso l'interno o l'esterno. Inoltre, tieni i fianchi in avanti per mantenere l'allineamento e l'equilibrio del corpo.

Mantenere un baricentro basso: per avere una posizione stabile nella boxe, devi mantenere il baricentro basso piegando leggermente le ginocchia. Questo ti aiuta a mantenere l'equilibrio, rendendo più facile muoverti nel ring ed evitando di essere sbilanciato dai colpi dell'avversario.

Tenere le mani alte: le tue mani sono la tua arma principale nella boxe. Tienile vicine al viso e al mento per evitare che l'avversario possa sferrare un colpo da KO. Mantieni i gomiti vicini al corpo e tieni la mano guida leggermente avanzata per creare un'apertura rapidamente.

Rilassare le spalle: la tensione nelle spalle può limitare i tuoi movimenti, rendendo molto più difficile schivare i pugni del tuo avversario. Assicurati che le tue spalle siano rilassate per eseguire pugni e ganci circolari.

Muovere costantemente la testa: quando sei sul ring, devi continuare a muovere la testa costantemente per schivare i colpi, spostandola in alto, in basso e di lato. Tuttavia, assicurati di mantenere il mento abbassato verso il petto per proteggerlo dagli attacchi.

Rimanere leggeri sui piedi: rimanere leggeri sui piedi ti permette di mantenere i riflessi pronti. Ciò significa rimbalzare leggermente su e giù e muovere i piedi rapidamente per essere sempre pronto a sferrare un pugno o a schivare un colpo in arrivo.

Utilizzare gli angoli: usa gli angoli per ottenere un vantaggio sul tuo avversario. Per esempio, spostando i piedi su un angolo diagonale anziché avanzando perfettamente in linea retta, puoi creare aperture più efficaci per attaccare.

Praticare la posizione: infine, la pratica è essenziale. Devi esercitarti costantemente per mantenere e modificare la tua posizione, così da sviluppare una memoria muscolare che ti permetterà di adottare automaticamente la postura perfetta durante gli incontri.

La boxe è uno sport emozionante e impegnativo, ma con questi consigli dagli esperti puoi portare le tue abilità al livello successivo. Dal migliorare l'equilibrio e la coordinazione occhio-mano allo sviluppo della forza mentale e alla corretta idratazione, ci sono innumerevoli modi per migliorare le tue prestazioni sul ring. Che tu sia un principiante o un professionista esperto, la chiave è rimanere concentrato e disciplinato e non smettere mai di imparare e crescere come pugile. Ricorda: la pratica rende perfetti.

Rimani dedicato e impegnati ad affinare le tue abilità ogni giorno. Puoi raggiungere i tuoi obiettivi di boxe con duro lavoro, perseveranza e dedizione. È fondamentale adottare misure preventive per evitare infortuni, rimanere idratato, riposare a sufficienza e praticare tecniche di visualizzazione per garantire prestazioni ottimali sul ring. Incorporando queste tecniche fondamentali, sarai sulla buona strada per diventare un pugile migliore e un vero campione.

Capitolo 5: Pugni e Contrattacchi

"Vola come una farfalla, pungi come un'ape." - Muhammad Ali

La boxe non consiste solo nel tirare pugni. È una danza complessa che coinvolge molte strategie, lavoro di gambe e, soprattutto, pugni e contrattacchi. Questi sono elementi essenziali che rendono la boxe lo sport affascinante che è oggi. Sul ring, non conta solo la forza dei tuoi pugni, ma anche la capacità di sfruttare i movimenti dell'avversario per piazzare il contrattacco perfetto. Un pugile di successo sa anticipare la mossa successiva dell'avversario e reagire di conseguenza. È come una partita a scacchi, dove devi sempre essere un passo avanti rispetto al tuo avversario.

I pugni e i contrattacchi sono i pilastri della boxe, e padroneggiarli ti porterà un passo più vicino a diventare un grande pugile. Questo capitolo è suddiviso in sezioni, ciascuna dedicata a un particolare tipo di pugno o contrattacco. Vengono spiegati lo scopo di ogni colpo, i meccanismi dietro di esso, gli errori comuni da evitare e gli esercizi per aiutarti a migliorare. Dopo aver letto questo capitolo, sarai sulla buona strada per dominare il ring.

Introduzione ai pugni da boxe: le basi e i consigli sulla sicurezza

I pugni nella boxe sono una competenza fondamentale che deve essere padroneggiata per avere successo in un incontro. Tuttavia, non si tratta solo di sferrare pugni forti e battere l'avversario. I pugni richiedono tecnica e attenzione alla sicurezza. È quindi fondamentale conoscere le basi, il loro scopo, le tecniche coinvolte e i consigli per ridurre al minimo il rischio di infortuni.

Lo scopo dei pugni

Lo scopo principale dei pugni nella boxe è segnare punti o mettere KO l'avversario. Vincere un incontro ai punti è un modo tecnico per ottenere la vittoria: un pugile deve colpire con precisione ed efficacia per accumulare punti. Tuttavia, il KO è il metodo più spettacolare per vincere un match. Per mettere KO un avversario, devi sferrare un pugno potente che possa farlo cadere o causargli una perdita di coscienza. I KO, però, non derivano solo dai colpi potenti: possono arrivare da una serie di pugni che stancano l'avversario, rendendolo vulnerabile.

Consigli per sferrare pugni in sicurezza

I pugni nella boxe possono essere pericolosi se eseguiti in modo scorretto. La sicurezza deve sempre essere la priorità quando si pratica la boxe. Ecco alcuni consigli per allenarti in sicurezza:

1. Indossa sempre l'attrezzatura protettiva necessaria, come guantoni, casco protettivo, paradenti, gomitiere e ginocchiere, per ridurre al minimo il rischio di infortuni.
2. Riscaldati prima di iniziare per prevenire infortuni muscolari. Fai stretching prima e dopo l'allenamento per mantenere i muscoli rilassati.
3. Durante l'allenamento, assicurati di avere un allenatore che supervisioni la tua forma per garantire la sicurezza e correggere cattive abitudini.
4. Non avere fretta e non esagerare. Prenditi delle pause tra i colpi e ascolta il tuo corpo per evitare di sovraccaricarti.

La meccanica di base dei pugni

Le meccaniche di base dei pugni nella boxe includono il jab, il cross, il montante e il gancio. Comprendere le tecniche di base dei colpi è essenziale per sviluppare le tue abilità e prevenire infortuni. Il jab è un pugno diretto e veloce sferrato con la mano principale. Il cross è un pugno diretto sferrato con la mano posteriore. Il montante è un colpo sferrato dal basso verso l'alto, diretto al mento dell'avversario, eseguito piegando le gambe e il busto. Infine, il gancio è un pugno laterale eseguito piegando il braccio con un angolo ampio e colpendo il lato del viso dell'avversario con le nocche.

La meccanica dei colpi si basa su un allineamento corretto del pugno, una postura adeguata e un buon gioco di gambe. Il corretto allineamento del pugno consiste nel mantenere una postura corretta per massimizzare potenza e precisione. La posizione del pugile prevede di stare con i piedi alla larghezza delle spalle, con un piede leggermente davanti all'altro. Per quanto riguarda il gioco di gambe, si tratta di usare i piedi non solo per muoversi, ma anche per generare potenza.

Imparare le basi dei pugni della boxe e il loro scopo è fondamentale per diventare un grande pugile. Ciò include conoscere le tecniche corrette, i consigli di sicurezza e mantenere una postura adeguata. Praticando e perfezionando queste abilità di base, puoi migliorare come pugile riducendo al minimo il rischio di infortuni. Ricorda sempre di allenarti in sicurezza e di ascoltare il tuo corpo mentre ti alleni. Sviluppare la tecnica dei colpi richiede pazienza, dedizione e molta pratica.

Padroneggiare il jab: una guida per principianti

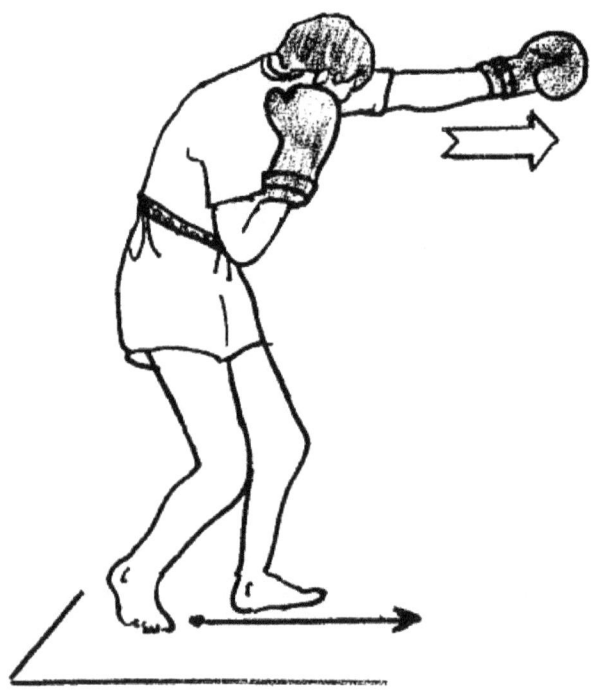

Un jab ben eseguito può fare la differenza in un combattimento. [18]

Il jab è uno dei pugni più basilari da padroneggiare. Potrebbe sembrare un semplice pugno, ma un jab ben eseguito può fare la differenza per l'esito di un incontro. Un jab rapido ed efficace ti permette di tenere l'avversario a distanza, impostare altri colpi e, soprattutto, segnare punti. In questa sezione analizzeremo tutto ciò che c'è da sapere sul jab: la sua definizione, il suo scopo, come eseguirlo correttamente, gli errori più comuni e gli esercizi per migliorare la tua tecnica.

Definizione e scopo del jab

Il jab è un pugno rapido e diretto sferrato con la mano principale nella boxe. Il suo scopo è quello di tenere l'avversario a distanza, permettendoti di creare spazio e impostare altri colpi. È molto efficace per segnare punti e interrompere il ritmo dell'avversario. Il jab è il colpo più comune nella boxe e presenta numerose varianti, tra cui il doppio jab, il triplo jab e il jab al corpo.

Passaggi per impostare ed eseguire correttamente un jab

Ecco i passaggi per eseguire un jab in modo corretto:

1. Parti con i piedi alla larghezza delle spalle, le ginocchia leggermente piegate e il peso distribuito in modo uniforme.
2. La mano principale deve essere tenuta all'altezza del mento, con il gomito piegato e il polso dritto.
3. Quando sei pronto a tirare il jab, fai un passo avanti con il piede avanzato e stendi il braccio dritto, ruotando leggermente il polso.
4. Ruota leggermente spalla e fianchi per generare potenza, ma evita di estendere troppo il braccio o di inclinarti in avanti.
5. Una volta che il jab va a segno, ritira rapidamente il braccio all'altezza del mento, evitando movimenti inutili.
6. Mantieni la mano arretrata alta per proteggere il viso e rimani leggero sui piedi, pronto a muoverti o a sferrare un altro colpo.

Errori comuni da evitare

Ecco alcuni errori comuni da evitare quando si esegue un jab:

1. Estendere troppo il braccio può renderti vulnerabile e ridurre la potenza. Tieni il braccio dritto, ma non completamente esteso, ed esercitati a ritrarlo rapidamente per evitare questo errore.

2. Raggiungere l'avversario con il jab ti toglie potenza e ti espone ai contrattacchi. Invece, fai un passo avanti nel colpo, mantenendo il mento abbassato.
3. Non fare un passo avanti quando si colpisce può provocare un pugno debole o inefficace. Invece, fai rapidamente un passo avanti con il piede principale prima di lanciare il jab.
4. Anticipare il tuo jab con movimenti del corpo o della mano prima di tirarlo è un errore comune. Evita di segnalare il colpo, così da non permettere all'avversario di leggere i tuoi movimenti e preparare una difesa.

Esercizi di allenamento per migliorare il tuo jab

Il jab è il pugno più importante nella boxe e dovrebbe essere il fulcro dei tuoi esercizi di allenamento. Un buon jab apre la strada ad altri colpi e ti aiuta a controllare il combattimento. Ecco alcuni esercizi per migliorare la tua tecnica del jab:

Esercizio Wall Jab (Jab al Muro): stai a pochi passi da un muro e pratica i jab senza colpirlo direttamente. Concentrati sulla preparazione e sull'esecuzione del colpo, evitando gli errori comuni. Visualizza un avversario e lavora sulla tecnica senza impattare nulla.

Shadowboxing (Allenamento al Vuoto): lo shadowboxing ti aiuterà a sentirti a tuo agio nel tirare jab e altri colpi senza la pressione di un avversario reale.

Speed Bag (Sacco Velocità): allenarti sul sacco velocità migliora rapidità e precisione, rendendo i tuoi jab più rapidi ed efficaci.

Esercizio 1-2-3: tira un jab, seguito da un diretto con la mano arretrata e termina con un gancio al corpo con la mano avanzata. Ripeti questo esercizio per 3 minuti, riposa per 1 minuto e ripeti tre volte.

Esercizio Double-End Bag (Sacco Doppio Elastico): lancia un jab in alto, quindi spostati rapidamente sul fondo del sacco e lancia un altro jab. Ripeti l'operazione per 30 secondi, riposa per 30 secondi e ripeti tre volte.

Esercizio Focus Mitt (Lavoro sui Colpitori): chiedi a un partner di tenere un guanto di messa a fuoco o un pad da boxe davanti al viso e di lanciare colpi mentre ti muovi attorno alla persona. Ripeti l'operazione per 3 minuti, riposa per 1 minuto e ripeti tre volte.

Esercizio Sparring: lo sparring con un partner può aiutarti ad applicare ciò che hai imparato in una situazione di combattimento reale.

Inizia lentamente, concentrati sulla tecnica e aumenta gradualmente l'intensità man mano che migliori.

Padroneggiare il cross nel pugilato: una guida dettagliata

Un cross è uno dei pugni più efficaci nella boxe. [14]

La boxe può sembrare semplice guardando i professionisti sul ring, ma eseguire ogni colpo richiede molto lavoro, tecnica e forza. Il **cross** è uno dei colpi più potenti ed efficaci nella boxe, capace di cambiare le sorti di un incontro in pochi secondi. È una tecnica essenziale che ogni pugile dovrebbe padroneggiare per diventare un avversario temibile sul ring. In questa sezione analizzeremo la definizione, lo scopo, l'esecuzione, gli errori comuni e gli esercizi per migliorare il tuo cross.

Definizione e scopo del cross

Il cross, noto anche come diretto, è un colpo potente tirato con la mano arretrata (solitamente la destra per i destrimani e la sinistra per i mancini). Lo scopo principale del cross è creare distanza tra te e l'avversario, infliggendo al contempo un colpo potente alla testa o al corpo. Inoltre, il cross è spesso utilizzato per preparare altri colpi, come un gancio o un montante.

Passaggi per impostare ed eseguire correttamente un cross

Ecco i passaggi per eseguire correttamente un cross:

1. Posizionati con i piedi alla larghezza delle spalle, con il piede sinistro leggermente avanti e il piede destro leggermente indietro.
2. Tieni i pugni alzati, i gomiti vicini al corpo e il mento abbassato per proteggerti dai contrattacchi.
3. Ruota fianchi, core e spalla mentre stendi il braccio arretrato per tirare il colpo verso il bersaglio.
4. Ruota il polso in modo che le nocche siano verticali al momento dell'impatto con l'avversario.
5. Recupera rapidamente riportando il braccio arretrato nella posizione iniziale, vicino al viso.

Errori comuni da evitare

Molte persone lanciano il cross senza un set-up. Tuttavia, un cross riuscito richiede molto più di un semplice pugno potente. Deve essere cronometrato correttamente ed essere eseguito utilizzando tutto il corpo. Ecco altri errori comuni da evitare:

1. **Non esercitarsi con il giusto peso:** il cross è un colpo potente, e se non ti alleni usando un sacco pesante adeguato non svilupperai la forza necessaria per un incontro reale.
2. **Non tenere alta la guardia:** ricorda di tenere il mento abbassato e i gomiti vicini al corpo mentre tiri il cross, per essere pronto a parare eventuali contrattacchi.
3. **Tirare pugni disordinati:** questo errore ti metterà rapidamente fuori combattimento in un incontro. Invece, mantieni i tuoi pugni stretti e controllati e lanciali solo quando hai un'apertura.
4. **Non seguire i pugni:** estendi completamente il braccio, scatta con il polso e segui il movimento con tutto il corpo per massimizzare la potenza del colpo.
5. **Non rimanere in equilibrio:** tieni i piedi ben piantati a terra quando lo lanci. Inoltre, mantieni il tuo corpo sciolto e rilassato

in modo da poter spostare rapidamente il peso da un piede all'altro.

Esercizi di allenamento per migliorare il tuo cross

Come ogni tecnica di boxe, padroneggiare il cross richiede una pratica costante. Per migliorare il tuo cross, ecco alcuni esercizi di allenamento da praticare:

1. **Esercizio Jab-Cross-Slip:** in posizione da boxe, tira un jab con la mano avanzata, seguito da un cross con la mano arretrata. Mentre tiri il cross, scivola di lato per evitare un eventuale contrattacco. Ripeti per 30 secondi.
2. **Esercizio Jab-Jab-Cross:** nella stessa posizione del primo esercizio, con la mano sinistra in fuori e la mano destra al mento. Colpisci due volte con la mano sinistra, quindi incrocia con la destra. Mentre attraversi, fai un passo avanti per trovarti di fronte al tuo avversario. In questo modo, puoi sferrare il tuo pugno e impostare un attacco successivo. Ripeti questo esercizio per 30 secondi.
3. **Esercizio Jab-Cross-Hook:** nella stessa posizione dei primi due esercizi, con la mano sinistra in fuori e la mano destra al mento. Colpisci con la mano sinistra, quindi incrocia immediatamente con la destra. Mentre attraversi, lancia un gancio con la mano sinistra. Coglierai il tuo avversario alla sprovvista e sferrerai un potente pugno. Ripeti questo esercizio per 30 secondi.

L'arte del gancio: migliora le tue abilità pugilistiche

Il gancio è una tecnica di pugilato utilizzata per colpire lateralmente l'avversario. [15]

Il gancio è un pugno potente che combina velocità, precisione e tecnica. Che tu sia un principiante o un pugile esperto, è uno strumento fondamentale da aggiungere al tuo repertorio. In questa sezione esploreremo la definizione e lo scopo del gancio, una guida passo dopo passo per eseguirlo correttamente, gli errori più comuni da evitare e gli esercizi per perfezionare questa tecnica.

Definizione e scopo del gancio

Il gancio è una tecnica di pugilato utilizzata per colpire l'avversario lateralmente, sia alla testa che al corpo. È un pugno efficace che richiede tempismo e coordinazione eccellenti. Lo scopo del gancio è infliggere un colpo decisivo mantenendo precisione e controllo. Un gancio ben eseguito può fare la differenza tra vincere o perdere un incontro.

Passaggi per impostare ed eseguire correttamente un gancio

Eseguire con successo un gancio richiede pazienza e pratica. Ecco una guida passo passo su come impostare ed eseguire il gancio:

1. Mettiti in una posizione da boxe di fronte al tuo avversario.
2. Sposta il peso sul piede posteriore mantenendo il gomito vicino al corpo.
3. Ruota il corpo facendo perno sulla pianta del piede e gira l'anca verso l'avversario mentre fai un movimento circolare con il braccio.
4. Mira alla tempia, alla guancia o alle costole dell'avversario, colpendo con le nocche del dito medio e dell'indice.
5. Tieni sempre l'altro braccio alzato per proteggerti da eventuali contrattacchi.

Errori comuni da evitare

Nonostante il gancio sia un colpo potente ed efficace, è fondamentale evitare alcuni errori comuni:

1. **Non ruotare il corpo a sufficienza**: per generare la massima potenza, è necessario ruotare completamente corpo e anca durante il pugno.
2. **Non tenere il gomito vicino al corpo**: allontanare il gomito riduce la potenza del pugno e rende più facile per l'avversario bloccare o contrattaccare.
3. **Non fare perno sulla pianta del piede**: è fondamentale ruotare sulla pianta del piede per generare la forza necessaria per un colpo efficace.
4. **Non mirare correttamente**: punta sempre alla tempia, alla guancia o alle costole per colpire con potenza e precisione.
5. **Colpire troppo in alto o troppo in basso**: un colpo fuori bersaglio riduce la sua efficacia. Mira al punto corretto per ottenere il massimo impatto.
6. **Lasciarsi vulnerabili ai contrattacchi**: tieni sempre l'altro braccio alzato per proteggerti dopo aver sferzato un gancio.

Esercizi di allenamento per migliorare il gancio

Esistono diversi esercizi per migliorare la precisione e la potenza del tuo gancio. Ecco alcuni esempi:

1. **Salto con la corda:** saltare la corda è un ottimo modo per migliorare il gioco di gambe e la coordinazione. Concentrati sul muoverti rapidamente e senza intoppi mentre salti la corda: questo ti aiuterà a sviluppare il gioco di gambe necessario per lanciare ganci precisi e potenti.

2. **Colpitori:** lavorare sui colpitori con un allenatore o un partner è ideale per migliorare la precisione e la potenza dei tuoi colpi. Concentrati sul tirare ganci precisi e potenti; questa pratica ti aiuterà a trasferire queste abilità sul ring.

3. **Palla riflessa:** la palla riflessa è un ottimo strumento per sviluppare la coordinazione occhio-mano. Concentrati nel colpire la palla il più rapidamente possibile: questo ti aiuterà a migliorare riflessi e precisione, competenze fondamentali durante un incontro.

4. **Sacco pesante:** uno dei metodi migliori per migliorare il gancio è allenarsi con un sacco pesante. Il sacco pesante ti permette di sviluppare la potenza e la precisione dei ganci. Concentrati sul lanciare i tuoi ganci con intenzione e potenza, come se volessi mandare KO il tuo avversario.

5. **Shadowboxing (Allenamento al Vuoto):** lo shadowboxing è un ottimo modo per lavorare sulla tua tecnica senza avere un avversario presente. Concentrati sullo sferrare colpi precisi e potenti. Questo esercizio sviluppa la memoria muscolare, permettendoti di eseguire ganci potenti e reali sul ring.

Il gancio è una tecnica che richiede tempo e pratica per essere padroneggiata. Incorporando il gancio nel tuo allenamento, migliorerai le tue abilità complessive nella boxe, guadagnando un vantaggio sui tuoi avversari. Ricorda di concentrarti sulla tecnica, mirare al bersaglio giusto e proteggerti sempre. Con questi consigli e esercizi, sarai in grado di lanciare ganci potenti come un vero professionista. Continua ad allenarti e non mollare mai il tuo percorso pugilistico.

Come padroneggiare il montante

Un montante ben eseguito può infliggere un colpo da KO. [16]

Il montante è uno strumento potente da aggiungere al tuo arsenale pugilistico. Questo colpo è progettato per infliggere un KO ed è particolarmente utile durante un combattimento ravvicinato. Tuttavia, eseguire correttamente un montante richiede grande abilità e pratica costante. Questa sezione ti guiderà attraverso la definizione, lo scopo, l'esecuzione del montante, oltre a fornire consigli per evitare gli errori comuni e migliorare con esercizi mirati.

Definizione e scopo del montante

Il montante è un colpo corto, sferrato dal basso verso l'alto, mirato al mento o al torace dell'avversario. L'obiettivo principale del montante è infliggere un colpo da KO, sfruttando i punti deboli nella guardia dell'avversario. La maggior parte dei pugili utilizza il montante quando l'avversario si sporge in avanti o tenta di avvicinarsi troppo. È un colpo estremamente efficace per sorprendere l'avversario e ribaltare le sorti di un match.

Passaggi per impostare ed eseguire correttamente un montante passo dopo passo

Ecco come eseguire correttamente un montante:

1. Assumi la posizione da boxe con i piedi alla larghezza delle spalle e il mento abbassato.
2. Sposta il peso sul piede arretrato e ruota sulla pianta del piede. Questo movimento fornisce potenza e leva per il colpo.
3. Mantieni il gomito vicino al corpo e lancia il pugno dal basso verso l'alto, colpendo con le nocche del dito medio e dell'indice.
4. Mira al mento o al plesso solare dell'avversario e usa il corpo per dare forza al colpo.
5. Dopo aver eseguito il colpo, torna rapidamente in posizione di guardia e preparati a un possibile contrattacco.

Errori comuni da evitare

Il montante è spesso uno dei colpi più abusati o mal eseguiti. Ecco alcuni errori comuni da evitare:

1. **Avere fretta:** prenditi il tuo tempo e non affrettarti nel tirare il montante. Assicurati di impostare correttamente il colpo prima di eseguirlo.
2. **Allungarsi troppo:** non cercare di raggiungere l'avversario con il montante. Tieni il colpo vicino al corpo e ruota sulla punta del piede per generare potenza e leva.
3. **Abbassare la guardia:** tieni sempre il mento basso e la guardia alta. Un mento esposto potrebbe essere un potenziale bersaglio per un contrattacco.
4. **Non caricare il colpo:** carica il montante spostando il peso sul piede arretrato prima di eseguire il movimento.
5. **Abbassare il gomito:** mantieni il gomito vicino al corpo mentre sferri il colpo. Questo aumenta la potenza e riduce il rischio di contrattacchi.

Esercizi di allenamento per migliorare il montante

Per perfezionare il tuo pugno montante, incorpora i seguenti esercizi nella tua routine di allenamento:

1. **Movimenti del pugno**: esercitati a spostare il pugno dalla guardia alla posizione di montante e viceversa. Mantieni la mano vicina al corpo durante il movimento.
2. **Lavoro sui Colpitori**: trova un partner e pratica il montante usando colpitori o sacchi pesanti. L'obiettivo è impostare e eseguire il colpo correttamente.
3. **Shadowboxing**: esercitati a lanciare il montante davanti a uno specchio o senza. Concentrati sull'impostazione corretta e sul lancio del pugno con la forma e la potenza adeguate.
4. **Esecuzione isolata del montante**: esegui il montante in modo indipendente, prestando attenzione ai dettagli. Concentrati sulla tua forma, sulla potenza e sul tempismo. Più attenzione dedichi a questi elementi, migliore diventerà il tuo montante.
5. **Combinazioni con altri colpi**: dopo aver perfezionato la tecnica, combina i montanti con altri pugni. Questo ti aiuterà a imparare come usare il montante all'interno di una combinazione offensiva.

Come perfezionare i contrattacchi nella boxe

I contrattacchi possono aiutarti a deviare i pugni del tuo avversario. [17]

Il grande Muhammad Ali era famoso per il suo rapido gioco di gambe e per la potenza dei suoi contrattacchi. Nella boxe, anticipare e contrattaccare le mosse dell'avversario può darti un vantaggio significativo. Il contrattacco è una mossa strategica che ti permette di deviare i colpi del tuo avversario, risparmiando energia e massimizzando le possibilità di sferrare un colpo efficace. In questa sezione analizzeremo la definizione e lo scopo del contrattacco, i passaggi per impostarlo ed eseguirlo correttamente, gli errori comuni da evitare e alcuni esercizi per migliorare le tue capacità di contrattaccare.

Definizione e scopo del contrattacco

Il contrattacco è un pugno sferrato dopo aver schivato un pugno in arrivo dal tuo avversario. Lo scopo principale del contrattacco è sfruttare gli errori dell'avversario, cogliendolo di sorpresa e generando potenza. Un contrattacco eseguito correttamente ti permette di controllare il round in modo convincente. Un contrattacco efficace si basa su tempismo e precisione.

Passaggi per impostare ed eseguire correttamente un contrattacco

Ricorda: il contrattacco dovrebbe essere utilizzato con parsimonia e solo al momento giusto. Ecco i passaggi per impostare ed eseguire un contrattacco:

1. Schiva il colpo dell'avversario spostandoti leggermente di lato e abbassando il mento; questa posizione ti permette di preparare il contrattacco.
2. Riporta la guardia in alto e fai avanzare il pugno mentre ruoti sulla pianta del piede per generare potenza.
3. Usa velocità e forza per colpire, mantenendo i gomiti vicini al corpo e il mento abbassato.
4. Dopo aver sferrato il contrattacco, torna immediatamente in posizione di guardia.

Quando viene sferrato un pugno in arrivo, allontana la parte superiore del corpo, la testa e i piedi dal pugno in arrivo. Se il pugno in arrivo è un jab, usa una scivolata e scivola verso l'esterno del jab, sferrando un contrattacco alla testa. Per i ganci in arrivo, ruota i piedi, muovi i fianchi e sferra un contrattacco al viso o al corpo. Per i montanti in arrivo, piegati all'indietro su un lato e sferra un contrattacco alla testa o al corpo.

Errori comuni da evitare

Ecco alcuni errori comuni da evitare quando esegui un contrattacco:

1. **Essere troppo lento:** il contrattacco deve essere eseguito al momento giusto. Aspettare troppo a lungo permette all'avversario di riprendersi e sferrare un altro colpo.
2. **Perdere l'equilibrio:** mantieni l'equilibrio allineando piedi, ginocchia e fianchi. Questo ti aiuta a muoverti rapidamente e a sferrare un contrattacco potente.
3. **Non anticipare la mossa dell'avversario:** osserva sempre i segnali di un pugno in arrivo e cerca di prevedere la prossima mossa del tuo avversario.
4. **Non mantenere la forma corretta:** tieni i gomiti vicini al corpo, il mento abbassato e la guardia alta. Questo ti permette di muoverti rapidamente mantenendo l'equilibrio.

Esercizi di allenamento per migliorare le tue abilità nei contrattacchi

Di seguito sono riportati alcuni esercizi di allenamento per migliorare le tue abilità nei contrattacchi:

1. Esercizio Double Slip (Schivata Doppia): questo esercizio consiste nello schivare due jab consecutivi prima di sferrare un contrattacco.
2. Esercizio Jab/Cross: questo esercizio consiste nello scivolare un jab e contrattaccare con un diretto.
3. Esercizio Gancio/Montante: questo esercizio consiste nello schivare un gancio e contrattaccare con un pugno montante.
4. Esercizio Shadowboxing: esegui esercizi di shadowboxing lavorando sul tempismo per tirare contrattacchi al momento giusto.
5. Esercizio Doppio Montante: questo esercizio consiste nello schivare due montanti prima di sferrare un contrattacco.

Praticare regolarmente questi esercizi ti aiuterà a migliorare il tempismo, la potenza e la precisione dei tuoi contrattacchi, rendendoli sempre più efficaci. Seguendo questi consigli e allenamenti, aumenterai le probabilità di piazzare un colpo potente e di sfruttare al meglio gli errori del tuo avversario.

In questo capitolo abbiamo fornito una panoramica dei diversi colpi e contrattacchi nella boxe, insieme a esercizi per migliorare le tue abilità.

Dai jab ai cross, dai ganci ai montanti, hai imparato le basi per eseguire ogni colpo e il modo di impostare ed eseguire un contrattacco efficace. Con pratica e dedizione, sarai in grado di sfruttare gli errori dell'avversario, aumentando le tue possibilità di vincere il round. Buona fortuna!

Capitolo 6: Suggerimenti e Tecniche Difensive

L'arte della difesa è tanto importante quanto l'abilità di sferrare colpi. Se l'attacco rappresenta il lato più spettacolare della boxe, una buona difesa può aiutarti a evitare di essere colpito e a conservare energia per i momenti cruciali. I pugili più abili sanno come schivare i colpi, muoversi fluidamente tra gli avversari e utilizzare il gioco di gambe per eludere gli attacchi in arrivo. Non è facile, ma i risultati ripagano gli sforzi. Una difesa efficace può offrirti il vantaggio decisivo per uscire vittorioso anche da uno scontro brutale.

Questo capitolo si concentra su suggerimenti e tecniche difensive nella boxe. Include istruzioni su come bloccare e deviare i pugni, proteggere la testa, utilizzare il gioco di gambe corretto e padroneggiare tecniche come il movimento oscillante della testa (bobbing), il movimento ondulatorio (weaving), lo schivare i colpi (slipping), il clinching (abbraccio difensivo), il rotolare i colpi (rolling), il parare i pugni (parrying) e il ruotare su un piede. Questi elementi critici della difesa nella boxe ti mettono nella posizione ideale per vincere. Le vittorie si costruiscono sui dettagli, e padroneggiare queste abilità può fare la differenza.

Blocco difensivo

Il blocco difensivo può anche essere parte di una strategia offensiva.

La boxe è uno sport emozionante, ma allo stesso tempo pericoloso. Un colpo ben assestato può porre fine a un incontro in un attimo. Ecco perché è fondamentale padroneggiare l'arte della difesa. Il blocco difensivo è tanto vitale quanto una buona strategia offensiva. Questa sezione analizza due tecniche essenziali di blocco difensivo: deviare i colpi e proteggere la testa. Che tu sia un professionista esperto o un principiante, queste tecniche ti aiuteranno a rimanere al sicuro e a prolungare la tua carriera sul ring.

Deviare i pugni

Deviare i pugni è una tecnica difensiva cruciale che ogni pugile dovrebbe padroneggiare. Questa tecnica consiste nell'utilizzare la mano o l'avambraccio per ridirezionare il pugno dell'avversario, facendolo mancare il bersaglio. Se eseguita correttamente, deviare i colpi può interrompere il ritmo dell'avversario, sprecare la sua energia e creare un'apertura per un contrattacco. Ecco alcuni consigli per perfezionare questa tecnica:

1. **Mantieni una posizione rilassata**: combattere con una posizione tesa ti stanca rapidamente. Mantieni il corpo rilassato, un baricentro basso e resta leggero sui piedi. Se rimani vigile, i tuoi riflessi saranno più rapidi e ti permetteranno di percepire meglio

i pugni in arrivo e di deviarli.
2. **Usa l'avambraccio:** un avambraccio saldo è uno strumento eccellente per deviare i pugni. Mantieni le braccia in guardia e usa l'avambraccio per respingere i ganci o i jab in arrivo. L'avambraccio deve essere angolato per assorbire la forza del colpo e reindirizzarlo lontano dalla testa o dal corpo.
3. **Tieni gli occhi sulle spalle del tuo avversario:** il busto avvia tutti i pugni. Tenendo gli occhi fissi sulle spalle del tuo avversario, prevedi la direzione del pugno e ti prepari di conseguenza. Quando vedi la spalla tesa, sai che sta arrivando un pugno e usi la tecnica di blocco difensiva appropriata per evitarlo.
4. **Usa una tecnica di deviazione:** a seconda dell'angolazione e della direzione del pugno, puoi utilizzare diverse tecniche di deviazione. Le più comuni sono la parata, il blocco e lo schiaffo. Se il pugno proviene dall'alto, usa una parata per deviarlo. Se il pugno proviene dal basso, usa un blocco. Se il pugno proviene da un angolo, usa uno schiaffo per deviarlo.

Proteggere la testa

Proteggere la testa è la tecnica difensiva più importante nella boxe. Un colpo alla testa può portare a un KO, a danni cerebrali o, nei casi peggiori, alla morte. Ecco alcuni suggerimenti per proteggere pertanto la testa:

1. **Mantieni la guardia alta:** tieni le mani vicine al viso e i gomiti stretti contro il corpo. Questa posizione protegge la tua testa dai pugni. La posizione di guardia ideale è con il mento abbassato, i gomiti in dentro e i pugni in alto intorno al viso.
2. **Mantieni la distanza ideale:** un ottimo modo per proteggere la tua testa è mantenere la giusta distanza tra te e il tuo avversario. Se sei troppo lontano, sarà difficile sferrare pugni. Se sei troppo vicino, il tuo avversario avrà un colpo chiaro alla tua testa. Pertanto, la distanza ideale è appena fuori dalla portata dei pugni del tuo avversario.
3. **Esercitati con il movimento della testa:** un buon movimento della testa include tecniche come ducking (abbassarsi), slipping (schivare) e bobbing (ondeggiare). Allenati per diventare più elusivo e evitare di essere colpito. Inoltre, è essenziale mantenere la testa in movimento per impedire all'avversario di prevedere dove ti sposterai.

4. **Sapere quando usare l'abbraccio difensivo:** se i colpi dell'avversario sono troppo veloci o troppo potenti, utilizza la tecnica dell'abbraccio difensivo. L'abbraccio difensivo consiste nel bloccare l'avversario da vicino, impedendogli di tirare pugni. Afferrando le sue braccia e tenendolo stretto contro il tuo corpo, limiterai la sua capacità di attaccare.

Basi del gioco di gambe nella boxe: muoversi sul ring con velocità e precisione

Il gioco di gambe è uno degli aspetti più importanti della boxe. Un corretto gioco di gambe permette ai pugili di muoversi rapidamente ed efficacemente sul ring, tirare pugni potenti e precisi, e al contempo evitare gli attacchi dell'avversario. In questa sezione analizzeremo alcune tecniche fondamentali di gioco di gambe utilizzate dai pugili per muoversi sul ring. Si parlerà di postura di base, equilibrio, spostamento del peso e posizionamento dei piedi per eseguire diversi tipi di colpi. Che tu sia un professionista esperto o un principiante, padroneggiare queste basi è essenziale per avere successo sul ring.

Mettersi in posizione

Prima di muoverti sul ring, devi assumere la posizione corretta. Ciò significa posizionarsi con i piedi alla larghezza delle spalle, leggermente ruotati verso l'esterno. Le ginocchia devono essere leggermente piegate e il peso deve essere distribuito uniformemente su entrambi i piedi. Da questa posizione di base, puoi aggiustare la guardia in base alla posizione e ai movimenti dell'avversario.

I pugili professionisti spesso regolano le loro posizioni per essere più aggressivi o difensivi a seconda della situazione. Per esempio, se l'avversario tira molti jab, potresti optare per una guardia più difensiva, con mani alte e mento abbassato. Al contrario, se stai per eseguire una combinazione, potresti allargare leggermente la tua postura e assumere un atteggiamento più aggressivo.

Muoversi sul Ring

Una volta assunta la posizione corretta, è il momento di iniziare a muoversi. Puoi muoverti avanti, indietro o lateralmente compiendo piccoli passi rapidi. Rimani leggero sui piedi e mantieni le ginocchia piegate per preservare equilibrio e stabilità. Fai piccoli passi con il piede principale, usando il piede posteriore per spingerti in avanti secondo necessità. Quando ti muovi all'indietro, inverti questo movimento, facendo piccoli passi con il piede posteriore e usando il piede principale per spingere. Il movimento laterale consiste nel fare piccoli passi di lato per evitare i pugni del tuo avversario o per metterti in una posizione migliore per i tuoi pugni.

Equilibrio e spostamento del peso

Mentre ti muovi sul ring, devi mantenere il giusto equilibrio e spostare il peso in modo efficace. Questo implica mantenere il peso centrato sui piedi e trasferirlo da un piede all'altro a seconda del colpo che stai tirando. Per esempio, quando si tira un pugno con la mano principale, si gira leggermente il peso verso il piede principale mentre si àncora il piede posteriore per la stabilità. Lo stesso principio si applica quando si tirano pugni con il rovescio. Sposti il peso sul lato opposto e usi il piede principale per l'equilibrio.

Regolare la posizione dei piedi per diversi pugni

Pugni diversi richiedono un diverso posizionamento del piede. Per esempio, quando si lancia un jab, il piede principale dovrebbe fare un passo leggermente in avanti, dandoti più portata per il tuo pugno. Il piede principale dovrebbe ruotare verso l'esterno per un gancio, permettendoti di torcere il corpo e generare più potenza dietro il tuo pugno. Infine, per un montante, avvicinati al tuo avversario, facendo un passo avanti con il piede principale per entrare nel raggio d'azione.

Esercitarsi nel gioco di gambe

Come ogni abilità, il gioco di gambe richiede pratica per essere padroneggiato. Trascorri del tempo lavorando sul tuo gioco di gambe in palestra, concentrandoti sul muoverti in modo rapido ed efficiente sul ring. Pratica diverse combinazioni di colpi e posizioni dei piedi, fino a sentirti a tuo agio con ogni movimento e transizione. Man mano che migliorerai nel gioco di gambe, riuscirai a tirare colpi più efficaci e a evitare con facilità gli attacchi dell'avversario. Ecco alcuni esercizi per iniziare:

1. **Shadowboxing**: pratica il gioco di gambe e i colpi davanti a uno specchio o con un sacco pesante, concentrandoti su velocità, potenza e precisione.

2. **Esercizi di reazione:** chiedi a un partner di tirare pugni a velocità e angoli variabili. Lavora sullo spostamento del peso, sull'aggiustamento della posizione dei piedi e sul blocco o schivata dei colpi.

3. **Esercizi di velocità:** cronometra quanto velocemente riesci a muoverti sul ring, eseguendo esercizi di gioco di gambe a velocità variabile.
4. **Esercizi di scivolata:** chiedi al tuo partner di lanciarti jab e cross per praticare la scivolata laterale per evitare i colpi.

Tecniche di movimento della testa

La boxe non consiste solo nello sferrare pugni, ma anche nel saperli evitare. Pertanto, le tecniche di movimento della testa nella boxe sono essenziali se vuoi essere un buon pugile. Queste tecniche possono aiutarti a evitare pugni, contrattaccare e muoverti con sicurezza sul ring. Questa sezione discute in dettaglio queste tecniche e come padroneggiarle.

1. **Bobbing (Movimento Oscillante):** il bobbing è una tecnica che prevede il movimento della testa verso l'alto e il basso, mantenendo i piedi ben saldi a terra. È particolarmente efficace per evitare ganci e pugni dall'alto. Per eseguire questa tecnica, tieni le ginocchia leggermente piegate e muovi la testa su e giù in modo fluido. Tieni le mani alzate per difenderti da jab e colpi diretti. Esercitati con il bobbing facendo in modo che un partner ti tiri pugni mentre ondeggi e ti muovi per evitarli.

2. **Weaving (Movimento Ondulatorio):** il weaving consiste nel muovere la testa da un lato all'altro piegando le ginocchia. È una tecnica efficace per evitare i colpi diretti. Per eseguire questa tecnica, muovi la testa a sinistra e a destra tenendo le mani alzate per difenderti dai ganci. Pratica il weaving facendoti tirare colpi diretti dal tuo partner mentre onduli per evitarli.

3. **Slipping:** lo slipping è una tecnica che prevede di spostare la testa di lato per evitare un colpo. È ideale per schivare jab e colpi diretti. Per eseguire questa tecnica, muovi la testa a sinistra o a destra piegando le ginocchia. Esercitati a scivolare chiedendo a un partner di lanciarti jab e dritti mentre scivoli per evitarli.

4. **Rolling (Rotazione Circolare della Testa):** il rolling prevede un movimento circolare della testa per evitare i pugni. È efficace per schivare ganci e pugni dall'alto. Per eseguire questa tecnica, muovi la testa con un movimento circolare tenendo le mani alzate per difenderti da jab e diretti. Allenati al rolling facendoti tirare ganci e pugni dall'alto mentre ruoti per evitarli.

5. **Parata:** la parata è una tecnica che utilizza le mani per deviare un pugno. È una tecnica eccellente per evitare jab e pugni diretti. Per eseguire questa tecnica, usa la mano anteriore per deviare un jab o dritto spingendolo di lato. Pratica la parata facendoti tirare jab e diretti dal tuo partner e utilizzando la mano per deviarli.
6. **Pivoting (Rotazione sul Piede):** il pivoting consiste nel ruotare il corpo per evitare un pugno. È efficace per schivare ganci e pugni dall'alto. Per eseguire questa tecnica, ruota sul piede anteriore per girare il corpo a sinistra o a destra. Tieni le mani alzate per difenderti da jab e pugni diretti. Esercitati nel pivoting facendoti tirare ganci e pugni dall'alto mentre ruoti per evitarli.

Padroneggiare le tecniche di movimento della testa nella boxe è fondamentale per diventare un pugile completo. Queste tecniche ti permettono di evitare i colpi e di contrattaccare in modo efficace. Il movimento oscillante (bobbing), il movimento ondulatorio (weaving), la schivata laterale (slipping), la rotazione circolare (rolling), la deviazione dei colpi (parrying) e il pivot (rotazione sul piede) sono tutte tecniche essenziali che ogni aspirante pugile dovrebbe imparare. Allenati regolarmente con un partner per perfezionare queste abilità, migliorare la tua tecnica e aumentare la fiducia sul ring. Ricorda sempre di tenere le mani alte, mantenere la calma e muoverti con fluidità e grazia. Con pratica costante e dedizione, diventerai un pugile più efficace e preparato.

Abbraccio difensivo: come usare le braccia e controllare la distanza

L'abbraccio difensivo è uno strumento prezioso.

Nella boxe, a volte è necessario utilizzare tutto il corpo per difendersi, incluse le braccia e le tecniche di abbraccio difensivo. L'abbraccio difensivo consiste nell'afferrare il corpo dell'avversario per controllarne i movimenti e ridurre i danni potenziali. È una strategia difensiva molto utile. In questa sezione esploreremo due aspetti fondamentali dell'abbraccio difensivo: l'uso delle braccia per la difesa e il controllo della distanza.

Usare le braccia per la difesa

Le tue braccia sono un componente cruciale per un abbraccio difensivo efficace. Quando l'avversario sta attaccando, usa le braccia per proteggere testa e corpo. Per esempio, tieni i gomiti vicini al torso e le mani alte attorno al viso. In questo modo, la testa e il corpo saranno ben protetti.

Quando sei in un abbraccio difensivo, usa le braccia per afferrare il corpo dell'avversario. Tieni i gomiti ben stretti e premi il tuo corpo contro il suo. Così facendo, puoi controllare i suoi movimenti e limitare lo spazio che ha per muoversi attorno a te. Inoltre, usa le braccia per bloccare eventuali ginocchiate dell'avversario, una tecnica particolarmente utile contro combattenti che cercano di colpirti con le ginocchia durante l'abbraccio.

Un altro ottimo uso delle braccia è quello di creare spazio quando necessario. Per esempio, se ti trovi in un abbraccio molto stretto e il tuo avversario sta controllando i tuoi movimenti, usa le braccia per spingerlo via. Questo ti permetterà di creare distanza tra te e l'avversario, dandoti spazio per muoverti e difenderti.

Il controllo della distanza nell'abbraccio difensivo

Il controllo della distanza è un aspetto fondamentale dell'abbraccio difensivo. Devi sapere come avvicinarti all'avversario e rimanere vicino senza dargli troppo spazio per muoversi. La chiave è fare piccoli passi e apportare lievi aggiustamenti alla tua posizione e postura.

Quando entri per la prima volta in un abbraccio difensivo, fai piccoli passi verso l'avversario. Avvicina la testa e il corpo al suo, e avvolgi le braccia attorno al suo corpo. Una volta che controlli i suoi movimenti, fai piccoli passi all'indietro o lateralmente per mantenere la posizione.

Se il tuo avversario cerca di allontanarsi da te, usa le braccia per tirarlo verso di te. Tieni i gomiti stretti al corpo e usa petto e spalle per premere contro il suo. In questo modo, potrai controllare i suoi movimenti e tenerlo vicino.

Se invece il tuo avversario ti spinge indietro o si allontana da te, sii paziente e fai piccoli aggiustamenti alla tua posizione e postura. Tieni sempre le braccia alte, pronte a difendere, e aspetta il momento giusto per colpire.

L'abbraccio difensivo può essere uno strumento molto efficace se utilizzato correttamente. L'uso delle braccia per la difesa e il controllo della distanza sono due aspetti fondamentali di questa tecnica. Allenati con un partner per migliorare la tua tecnica e il tuo controllo. Ricorda di tenere i gomiti stretti e di usare petto e spalle per controllare i movimenti dell'avversario. Con un po' di pratica, l'abbraccio difensivo può diventare una componente preziosa del tuo repertorio.

Consigli essenziali sulla difesa nella boxe dai pugili professionisti

Che tu sia un principiante o un pugile esperto, la difesa è un elemento fondamentale del tuo allenamento. Una buona difesa può ridurre al minimo i danni causati dai pugni dell'avversario e stancarlo, offrendoti un vantaggio strategico. Di seguito sono elencati alcuni dei migliori consigli sulla difesa nella boxe da parte di combattenti professionisti che puoi integrare nel tuo allenamento.

1. **Tieni sempre le mani alte:** uno degli aspetti più basilari ed essenziali della difesa della boxe è tenere le mani alzate davanti al viso. Le tue mani dovrebbero essere posizionate in modo da coprire il naso e il mento, fornendo allo stesso tempo spazio sufficiente per vedere i pugni del tuo avversario. Questa tecnica difensiva blocca i pugni diretti e quelli che arrivano da angolazioni diverse.

2. **Rimani vigile e tieni gli occhi aperti:** durante gli incontri, devi mantenere la concentrazione e rimanere vigile. Osserva attentamente il tuo avversario e cerca segni che possano anticipare un attacco. In questo modo, puoi pianificare le tue mosse in base a quelle del tuo avversario. Sviluppare la capacità di tenere sempre gli occhi aperti è una delle abilità essenziali che devi affinare.

3. **Posizione della boxe:** una solida posizione da pugile può migliorare notevolmente la tua capacità difensiva durante un combattimento. Tieni i piedi alla larghezza delle spalle, il piede sinistro leggermente avanti (se sei destro), le ginocchia leggermente piegate e le mani alte per proteggere il viso. Usa la mano sinistra per bloccare i jab dell'avversario e la mano destra per sferrare colpi potenti. Infine, mantieni i gomiti vicini al corpo per rendere più difficile per l'avversario colpire il tronco.

4. **Contrattacca:** la migliore difesa è un buon attacco. Quando vedi un'apertura, sfruttala al massimo. Tira un contrattacco rapido per mettere in difficoltà il tuo avversario, costringendolo a retrocedere e alleviando la pressione su di te. Quando hai l'occasione di contrattaccare, sii veloce e aggressivo per cogliere l'avversario di sorpresa.
5. **Esercizi con un partner:** esercitati con un partner per imparare a difenderti. Fai esercizi specifici per bloccare i suoi pugni e colpire con i tuoi. L'allenamento con un partner ti aiuta a sviluppare il tempismo e i riflessi. In un combattimento reale, dovrai anticipare le mosse dell'avversario e colpirlo prima che lo faccia lui. Acquisire esperienza pratica con un partner ti aiuterà a sviluppare questa abilità.
6. **Concentrati sul tempismo:** il tempismo è un'abilità essenziale per la difesa nella boxe. Devi cronometrare perfettamente i tuoi blocchi e contrattacchi per evitare di essere colpito. Migliora il tuo tempismo e i riflessi con esercizi dal vivo con un partner. Ricorda che non puoi sempre fare affidamento sulla guardia per proteggerti. Devi essere vigile e sincronizzare i tuoi movimenti per difenderti efficacemente.
7. **Fai attenzione alle combinazioni dell'avversario:** presta attenzione alle combinazioni di pugni del tuo avversario. Se noti che sta utilizzando una varietà di colpi, preparati a bloccarli tutti. Impara a difenderti contro le combinazioni allenandoti con un partner e rimanendo sempre concentrato durante i combattimenti. Anticipa i movimenti dell'avversario e reagisci rapidamente per evitare i suoi colpi.

La difesa è fondamentale per le tue prestazioni nella boxe. Sviluppare una buona difesa è essenziale per evitare di subire colpi inutili. Questo capitolo ha trattato diversi aspetti della difesa, tra cui il blocco difensivo, la deviazione dei colpi, il movimento oscillante (bobbing), il movimento ondulatorio (weaving), la scivolata (slipping), l'abbraccio difensivo (clinching), la rotazione circolare (rolling) e la parata (parrying).

Abbiamo condiviso alcuni dei migliori consigli sulla difesa nella boxe da parte di pugili professionisti, da integrare nella tua routine di allenamento. Ricorda di tenere sempre le mani alte, rimanere vigile e tenere gli occhi aperti. Muovi costantemente la testa, concentrati sul gioco di gambe, sii pronto a contrattaccare e pratica esercizi con un partner. Seguendo questi consigli, migliorerai la tua difesa e aumenterai le probabilità di successo sul ring.

Capitolo 7: 13 Combinazioni da Professionisti che (Forse) Non Conoscevi

L'arte della boxe non consiste solo nel tirare pugni, ma nel combinarli strategicamente. La giusta combinazione di colpi può fare la differenza tra vittoria e sconfitta. Una combinazione ben eseguita richiede precisione, accuratezza e tempismo. È come una danza coreografata, dove ogni passo deve essere compiuto con la massima concentrazione e determinazione. Combinare i colpi può essere una sfida, in particolare contro un avversario esperto, ma una volta padroneggiato diventa un vero spettacolo.

Padroneggiare le combinazioni dovrebbe essere una priorità assoluta per chiunque aspiri a diventare un campione di boxe. Questo capitolo esplora le combinazioni di base, intermedie, avanzate e alcune mosse finali per aiutarti a ottenere il vantaggio in un combattimento. Troverai istruzioni passo-passo per ciascuna combinazione, in modo da poterle praticare e affinare fino a renderle automatiche. In fondo, la pratica rende perfetti.

Combinazioni di base per migliorare le tue abilità

Ogni pugile sa quanto sia importante padroneggiare le basi. Le combinazioni di base sono l'essenza della boxe e ti aiutano a guadagnare il controllo del ring. Per eseguire un pugno perfetto, una parata o un contrattacco, devi lavorare sulla tua tecnica e sulla tua forma. Questa sezione ti guiderà attraverso le combinazioni essenziali per portare le tue abilità al livello successivo.

Combinazione jab e cross

Diretto sinistro　　　Diretto destro

Combinazione jab e cross.

Questa è una delle combinazioni più comuni ed efficaci nella boxe. Inizia con un jab rapido e deciso al volto del tuo avversario, seguito da un potente cross con la tua mano dominante. Mantieni la guardia alta dopo aver tirato il diretto per evitare eventuali contrattacchi da parte dell'avversario. Pratica questa combinazione con un sacco veloce o un sacco pesante per migliorare il tempismo e la coordinazione.

Combinazione gancio e montante

La combinazione di gancio e montante è un ottimo modo per sorprendere il tuo avversario. Inizia con un gancio rapido con la mano dominante, mirando alla testa o al corpo dell'avversario, seguito da un montante con l'altra mano per coglierlo alla sprovvista. Mantieni il corpo bilanciato e i piedi ben piantati durante la combinazione per evitare di perdere l'equilibrio. Esercitati con questa combinazione su un sacco pesante per migliorare la tua resistenza e potenza.

Combinazione pugno dall'alto verso il basso destro

Combinazione pugno dall'alto verso il basso destro. [18]

La giusta combinazione di un pugno dall'alto verso il basso è un colpo potente in grado di mettere l'avversario al tappeto. Inizia con un jab per impostare il tuo pugno, quindi sferra un pugno destro con la mano dominante direttamente alla testa del tuo avversario. Questa combinazione deve essere eseguita utilizzando la tecnica corretta per evitare di rendere prevedibile la tua mossa. La chiave di questa combinazione è girare i fianchi e seguire la spalla durante il pugno.

Combinazione uno-due-tre

| Diretto sinistro | Diretto destro | Gancio |

Combinazione uno-due-tre.

La **combinazione uno-due-tre** è un pilastro nell'arsenale di ogni pugile. Inizia con un jab, seguito da un cross e termina con un pugno a gancio alla testa o al corpo del tuo avversario. Ruota il piede durante il gancio per aggiungere più potenza al tuo pugno. Questa combinazione è ideale per mettere in difficoltà l'avversario con una sequenza rapida e potente.

Padroneggiare le combinazioni intermedie

Le combinazioni intermedie sono essenziali per migliorare le prestazioni sul ring. Questi movimenti richiedono velocità, agilità, precisione e potenza, e sono fondamentali per sorprendere e sopraffare l'avversario. In questa sezione scoprirai tre combinazioni intermedie per guadagnare un vantaggio sul ring. Allenati regolarmente con un sacco pesante e un sacco veloce per perfezionare la tecnica e diventare inarrestabile sul ring.

Combinazione gancio sinistro e pugno dall'alto verso il basso destro

La combinazione di gancio sinistro e pugno dall'alto verso il basso destro è una tecnica potente che può lasciare l'avversario disorientato e fuori equilibrio. Inizia tirando un gancio sinistro alla testa o al corpo, seguito da un pugno dall'alto verso il basso destro. Assicurati di ruotare il piede sinistro mentre lanci il gancio sinistro. Questo movimento aiuta ad aumentare la potenza del pugno trasferendo il peso sul piede anteriore. Il pugno dall'alto verso il basso destro dovrebbe sorprendere il tuo avversario, facendogli perdere l'equilibrio. Ricordati di portare a termine il colpo per massimizzare l'impatto.

Combinazione di montante anteriore e montante posteriore

Montante sinistro   Montante destro

Combinazione di montante anteriore e posteriore.

Una combinazione di montante anteriore e posteriore è una tecnica efficace per il combattimento ravvicinato, perfetta per chiudere la distanza con l'avversario. Inizia sferrando un montante anteriore con la mano sinistra e prosegui con un montante posteriore con la mano destra. Il montante anteriore dovrebbe concentrarsi sull'atterraggio sul mento, mentre il montante posteriore dovrebbe mirare al plesso solare o al fegato. Pratica questa combinazione con un sacco pesante o veloce per migliorare velocità e precisione.

Combinazione doppio gancio e montante

La combinazione doppio gancio e montante è una tecnica appariscente ed efficace per confondere il tuo avversario. Inizia lanciando un gancio sinistro al corpo o alla testa, seguito con un gancio destro al corpo o alla testa e termina con un montante sinistro. Ruota i piedi e ruota tra i fianchi mentre sferri i pugni. I ganci devono essere puntati verso le costole o la tempia, mentre il montante deve mirare al mento. Esercitati con questa combinazione immaginando il movimento del tuo avversario e regolando i tuoi pugni di conseguenza.

Combinazioni avanzate

Le combinazioni avanzate nella boxe sono difficili da padroneggiare, ma una volta apprese possono portare il tuo gioco a un livello superiore. Le giuste combinazioni ti permettono di dettare il ritmo, creare aperture e sorprendere gli avversari con colpi potenti e veloci. Per migliorare il tuo livello di boxe, è arrivato il momento di lavorare sulle combinazioni avanzate. In questa sezione esploreremo alcune delle combinazioni più efficaci per alzare il livello del tuo gioco e tenere gli avversari sempre all'erta.

Combinazione gancio destro anteriore e gancio sinistro posteriore

Questa combinazione inizia con un gancio destro anteriore.

La combinazione di gancio destro anteriore e gancio sinistro posteriore è una potente combinazione per ridurre la distanza e sopraffare il tuo avversario. Inizia con un jab, crea un'apertura e seguila con un gancio destro anteriore. Quindi, quando la guardia del tuo avversario si abbassa per difendersi dal gancio anteriore, segui con un gancio sinistro posteriore, un colpo potente in grado di mettere KO. Questa combinazione richiede un buon gioco di gambe e un tempismo impeccabile. Allenati con un partner per migliorare precisione e coordinazione.

Combinazione montante destro e gancio sinistro posteriore

La combinazione montante destro e gancio sinistro posteriore è un'altra combinazione efficace per cogliere alla sprovvista il tuo avversario. Inizia con un jab veloce seguito da un montante destro anteriore. Il montante dovrebbe colpire il mento del tuo avversario, lasciandolo stordito e aperto per un gancio sinistro posteriore. Il gancio sinistro è un pugno devastante che può mettere fuori combattimento il tuo avversario, quindi assicurati di avere un buon equilibrio e una buona posizione prima di sferrarlo.

Combinazione di quattro colpi

Vale la pena provare la combinazione di quattro pugni per una combinazione più complessa. Questa combinazione inizia con un gancio sinistro anteriore, seguito da un jab, un gancio anteriore e un cross. Il primo pugno dovrebbe creare un'apertura per il jab, che imposta il gancio anteriore. Il pugno finale, il cross, sferra il colpo del KO che può porre fine all'incontro. Questa combinazione richiede coordinazione e tempismo. Inizia praticandola lentamente, poi aumenta gradualmente la velocità per perfezionare il ritmo.

Combinazione diretto destro anteriore e montante sinistro posteriore

Inizia questa combinazione con diretto destro anteriore.

È una variazione delle combinazioni precedenti, efficace per sorprendere l'avversario con colpi variati. Inizia con un diretto destro anteriore seguito da un montante sinistro posteriore. Quindi, il montante può essere sferrato al mento o al corpo del tuo avversario, a seconda della sua guardia. Questa combinazione può essere eseguita con diverse varianti, tra cui un gancio sinistro, un gancio destro o un colpo al corpo.

Combinazione doppio jab e diretto destro

La combinazione doppio jab e cross destro è una combinazione classica per controllare il ritmo del combattimento. Inizia con due rapidi jab creando un'apertura per un potente cross destro. Il doppio jab tiene il tuo avversario sulle spine e imposta i tuoi colpi potenti. Questa combinazione richiede una buona precisione e velocità, quindi esercitati con i tuoi jab e cross prima di provarla.

Tecniche per il KO: padroneggia questi colpi finali

Non è un segreto che i pugni da KO possano fare la differenza tra vincere e perdere un incontro. Come pugile, padroneggiare le mosse finali può darti un vantaggio decisivo per concludere il match a tuo favore. In questa sezione esploreremo alcune delle tecniche di chiusura più efficaci che puoi aggiungere al tuo arsenale.

Combinazione gancio sinistro anteriore e gancio destro posteriore

Una delle mosse finali più popolari nella boxe è la combinazione del gancio sinistro anteriore e del gancio destro posteriore. Questa tecnica inizia con un gancio sinistro e un gancio posteriore destro per far perdere l'equilibrio al tuo avversario e confondere la sua difesa. La chiave per eseguire questa combinazione è assicurarsi che entrambi i pugni vengano sferrati con movimenti rapidi e fluidi. Colpisci con precisione e potenza per aumentare le possibilità di ottenere un KO.

Combinazione montante sinistro anteriore, cross destro posteriore e montante destro anteriore

Un'altra mossa finale efficace è la combinazione di montante sinistro anteriore, cross destro posteriore e montante destro anteriore. Questa combinazione inizia con un montante sinistro, seguito da un cross destro posteriore e termina con un montante destro anteriore. Questa combinazione è molto efficace in situazioni di combattimento ravvicinato, in quanto ti consente di sferrare potenti pugni anche quando il tuo avversario ha la guardia alzata. Ancora una volta, per garantire il massimo impatto, la chiave per eseguire questa combinazione è mantenere un buon gioco di gambe e velocità.

Combinazione di sei pugni

La combinazione di sei pugni è una mossa finale potente e complessa che coinvolge sei pugni sferrati rapidamente. Questa tecnica può essere eseguita in diverse varianti. La più comune è una combinazione di due jab, cross e ganci. Questa mossa finale richiede un tempismo e una precisione eccellenti, quindi concentrarsi sulla tecnica e sulla velocità è essenziale quando ci si allena. La combinazione di sei pugni è efficace per logorare il tuo avversario e trovare un'apertura per un pugno da KO.

Colpi al corpo

I colpi al corpo prendono di mira il fegato e il plesso solare.

Mentre molte mosse finali si concentrano sul mirare alla testa dell'avversario, anche i colpi al corpo possono essere molto efficaci per garantire un KO. Questa tecnica prende di mira il tronco del tuo avversario, in particolare il fegato. Un colpo al corpo ben piazzato può indebolire efficacemente il tuo avversario e prepararlo per un pugno da KO alla testa. Per eseguire un colpo al corpo di successo, mira al tronco del tuo avversario e usa il tuo peso corporeo per generare potenza e forza dietro il tuo pugno.

Finte e inganni

Le finte possono distrarre il tuo avversario.

Infine, un'altra tecnica di mossa finale efficace è l'uso di finte e inganni per distrarre e confondere il tuo avversario. Questa tecnica finge di sferrare un pugno in una direzione prima di sferrare un pugno da KO in un'altra. È un modo molto efficace per cogliere alla sprovvista il tuo avversario e sferrare un pugno da KO. Tuttavia, è essenziale essere cauti quando si utilizza questa tecnica, poiché richiede un alto livello di abilità e può essere rischiosa.

Suggerimenti per trovare le migliori combinazioni nella boxe

La boxe è uno sport affascinante e impegnativo che richiede molta abilità, resistenza e strategia. Uno degli aspetti più importanti per un pugile è imparare a utilizzare efficacemente le combinazioni per ottenere un vantaggio sull'avversario. Le buone combinazioni di pugilato richiedono forza fisica, pianificazione strategica ed esecuzione rapida. In questa sezione troverai utili consigli per identificare e padroneggiare le combinazioni migliori, migliorando le tue abilità e dominando il ring.

Costruisci una solida base

Prima di dedicarti a combinazioni complesse, è fondamentale costruire una base solida. Ciò include padroneggiare le tecniche di base come il jab, il diretto (cross), il gancio (hook) e il montante (uppercut). Questi colpi, se eseguiti correttamente, possono infliggere danni significativi all'avversario. Inizia con le basi ed esercitati fino a quando non riesci a eseguire perfettamente queste mosse. Quindi, passa gradualmente a combinazioni più complesse. Le prime combinazioni devono essere semplici, abbastanza da poterle eseguire senza pensarci troppo. Solo dopo, potrai costruire su queste fondamenta.

Studia gli incontri di boxe dei professionisti

Guardare gli incontri di boxe professionistici offre eccellenti opportunità per osservare e imparare dai migliori. Quando guardi queste partite, prendi nota delle combinazioni che usano i tuoi pugili preferiti e cerca di ricrearle durante le tue sessioni di allenamento. Puoi mettere in pausa i video e praticare le mosse lentamente per ottenere una chiara comprensione della loro esecuzione.

Allenati con un partner

Esercitarsi con un partner può aiutarti a migliorare le tue tecniche. [19]

Esercitarsi con un partner è un ottimo modo per migliorare le tue tecniche di boxe. Trova qualcuno disposto a collaborare alle tue sessioni di allenamento e crea varie combinazioni. Inizia sferrando pugni di base e aggiungi gradualmente mosse più intricate una volta che ti senti più sicuro. Lavorare con un partner aiuta a migliorare il tempismo, la precisione e la velocità.

Sviluppa il tuo stile

Un buon pugile ha uno stile unico. Ci vuole tempo per sviluppare il tuo stile di boxe, ma sperimentare diverse combinazioni e tecniche crea uno stile personale che corrisponde alle tue capacità fisiche. Provare diverse combinazioni ti aiuterà a trovare le mosse giuste che funzionano per te sul ring. Naturalmente, il modo migliore per trovare il tuo stile è esercitarti, quindi dedica abbastanza tempo a padroneggiare le basi e imparare nuove combinazioni.

Esercitati contro diversi avversari

Una volta sviluppate alcune combinazioni, è il momento di testarle contro diversi avversari. Capirai i punti di forza e di debolezza della tua tecnica e apporterai le modifiche necessarie. Lavorare con altri avversari affina i tuoi riflessi, dandoti un vantaggio sul ring. Più avversari affronti durante l'allenamento, maggiori saranno le tue possibilità di successo sul ring.

La costanza è fondamentale

La costanza è vitale per sviluppare le abilità di boxe. Devi esercitarti regolarmente per ottenere il massimo dalle tue sessioni di allenamento. La costanza aiuta a costruire la memoria muscolare, che è significativa nell'esecuzione di tecniche complesse. Gran parte del successo sul ring si riduce alla pratica e alla ripetizione. La costanza migliorerà le tue abilità di boxe e ti darà la sicurezza per avere successo sul ring.

Mantieni le tue combinazioni semplici

Mantenere le tue combinazioni semplici ma efficaci è la chiave del successo sul ring. Non hai bisogno di molte mosse fantasiose per vincere un incontro, ma semplicemente di uno o due pugni potenti che colpiranno il tuo avversario. Quindi, mantieni combinazioni semplici e attieniti alle basi. È molto più efficace dell'esecuzione di combinazioni complesse che potrebbero non funzionare. Alcuni pugni ben eseguiti possono decisamente fare la differenza sul ring.

Padroneggiare le combinazioni di boxe richiede tempo, dedizione e pazienza. Ricorda di iniziare con le basi e di passare gradualmente a mosse più complicate. Guardare incontri di boxe professionistici, lavorare con un partner e sviluppare il tuo stile sono modi per migliorare le tue abilità nella boxe. La costanza è fondamentale e la pratica rende perfetti. Rimani concentrato, continua a lavorare sodo ed eseguirai combinazioni impressionanti in pochissimo tempo.

La boxe non consiste solo nel tirare pugni, ma anche nell'eseguirli in modo preciso e accurato. Padroneggiare le combinazioni di boxe di base può aiutarti a diventare un combattente esperto. È essenziale iniziare con le basi, lavorare sulla forma e sulla tecnica e passare a combinazioni più complesse. Trova un buon allenatore di boxe che ti guidi attraverso queste combinazioni e migliori le tue abilità. Ricorda: la pratica rende perfetti, quindi continua ad allenarti e a spingerti oltre per diventare un pugile migliore.

Capitolo 8: Peek-A-Boo: I Segreti dello Sparring dei Pugili Professionisti

La boxe è uno sport intenso che richiede una preparazione fisica eccellente e un'agilità mentale altrettanto sviluppata. I pugili professionisti sono famosi per le loro abilità e tecniche, ma quali sono i loro segreti quando si parla di sparring (allenamento con un partner)?

La chiave per vincere un match non risiede solo nella forza bruta, ma anche nella strategia e nel pensiero rapido. Con la giusta preparazione e un atteggiamento determinato, chiunque può imparare i segreti dello sparring dei pugili professionisti e diventare un campione. In questo capitolo ti guideremo verso il successo nello sparring.

Esploreremo le basi dello sparring, discuteremo il momento giusto per iniziare, analizzeremo gli aspetti tecnici e ti forniremo consigli avanzati direttamente dai professionisti. Dal famoso stile Peek-A-Boo di Mike Tyson ai movimenti della testa e al gioco di gambe, sarai ben preparato per affrontare il tuo primo match di sparring.

Le basi dello sparring

Lo sparring può aiutarti a migliorare le tue abilità.[20]

Lo sparring è una componente essenziale in quasi ogni sport da combattimento ed è un ottimo modo per migliorare le tue abilità. Che tu stia imparando arti marziali o praticando kickboxing, lo sparring è fondamentale per diventare un combattente migliore. In questa sezione tratteremo le basi dello sparring, fornendoti ciò che devi sapere per iniziare, dai benefici alle tecniche principali.

Perché fare sparring?

Lo sparring è parte integrante dell'allenamento di arti marziali perché ti prepara a situazioni reali. Ti permette di praticare le tue tecniche contro un avversario e imparare a reagire in diverse situazioni. Inoltre, lo sparring aiuta a migliorare riflessi, tempismo, gioco di gambe e resistenza. Con questi vantaggi, lo sparring è essenziale per diventare un combattente esperto.

I diversi tipi di sparring

Lo sparring può essere suddiviso in diversi tipi, come intenso, leggero o tecnico. Lo sparring intenso è la forma più intensa, in cui gli avversari combattono a piena potenza. Al contrario, lo sparring leggero è meno impegnativo, con i combattenti che usano solo il 30%-60% della loro forza. Infine, lo sparring tecnico si concentra maggiormente sulla tecnica, in cui i combattenti si esercitano con mosse e contrattacchi specifici.

Suggerimenti per i principianti

Lo sparring può sembrare intimidatorio, specialmente se affronti un avversario più esperto. Tuttavia, con il giusto approccio, ogni sessione di sparring può trasformarsi in un'esperienza preziosa di apprendimento. In primo luogo, affronta ogni sessione di sparring con una mentalità aperta, pronto a imparare e migliorare. In secondo luogo, indossa sempre l'equipaggiamento di sicurezza adeguato, come casco protettivo, guantoni e paratibie. Infine, non esitare a chiedere al tuo allenatore o partner di sparring un feedback dopo ogni sessione per aiutarti a identificare le aree in cui devi migliorare e monitorare i tuoi progressi.

Il momento giusto per iniziare a fare sparring

Ti stai chiedendo quando è il momento giusto per iniziare a fare sparring? Lo sparring è una parte essenziale dell'allenamento di boxe, poiché prepara il pugile a situazioni reali. Tuttavia, può essere difficile determinare quando è il momento giusto per iniziare lo sparring. Questa sezione fornisce informazioni su quando è opportuno iniziare lo sparring e sui suoi vantaggi.

Apprendere le basi

Prima di fare sparring, assicurati di aver appreso e padroneggiato le tecniche fondamentali della boxe. Per esempio, sarebbe meglio avere un buon gioco di gambe, equilibrio e movimento della testa per schivare efficacemente i pugni del tuo avversario. Inoltre, assicurati di sentirti a tuo agio con la posizione e che i tuoi pugni siano precisi e robusti. Con una buona padronanza di questi fondamenti, puoi proteggerti ed evitare di farti male durante lo sparring.

Aumenta i tuoi livelli di forma fisica

È imperativo avere un'adeguata forma fisica prima di fare sparring. Lo sparring è una forma intensiva di allenamento che richiede di muoversi continuamente per alcuni round. Può essere fisicamente e mentalmente estenuante e devi costruire la tua resistenza per far fronte alle esigenze dello sparring. Pertanto, inizia con alcuni esercizi cardiovascolari per migliorare la tua forma cardiovascolare, come fare jogging, saltare con la corda o andare in bicicletta.

La fiducia è fondamentale

Avere fiducia nelle tue tecniche è essenziale per affrontare lo sparring. Ricorda che affronterai un avversario che cercherà di colpirti. Preparati mentalmente per affrontare lo stress e l'ansia dello sparring.

Un coach può aiutarti a sviluppare questa forza mentale e, con un po' di fiducia in te stesso, potrai goderti lo sparring e dare il massimo.

Scegli partner di sparring con abilità simili

Se sei un principiante, è importante fare sparring con pugili che abbiano un livello di abilità simile al tuo. Inoltre, fare sparring con qualcuno con più esperienza ti aiuterà perché può insegnarti molto. Tuttavia, fare sparring con qualcuno al di sopra del tuo livello di abilità può essere rischioso e intimidatorio, compromettendo la tua fiducia. Quindi, allenati con qualcuno del tuo stesso livello e progredisci lentamente verso avversari più esperti.

Impara dallo sparring

Infine, lo sparring è un'opportunità per imparare dagli errori e migliorare la tua tecnica. Osserva attentamente le mosse del tuo avversario e impara a contrastarle. Prova diverse combinazioni e metodi e mettili alla prova durante lo sparring. Il tuo allenatore ti darà un feedback sulle tue prestazioni e suggerirà aree di miglioramento.

Lo sparring è una parte essenziale dell'allenamento di boxe, ma richiede preparazione e tempismo. Assicurati di aver appreso le basi, migliorato la tua forma fisica, sviluppato fiducia e iniziato con partner del tuo livello. Con una buona preparazione, lo sparring diventa una parte divertente e utile del tuo allenamento, aiutandoti a raggiungere i tuoi obiettivi nella boxe.

Aspetti tecnici dello sparring

Lo sparring affina le tue tecniche, migliora la fiducia in te stesso e sviluppa i tuoi riflessi. Gli aspetti tecnici dello sparring sono ciò che lo rendono così efficace. Conoscere i dettagli, dalla tua posizione al movimento del corpo, fino alle tecniche di attacco e difesa, può aiutarti a diventare un pugile migliore. Approfondiamo ora le considerazioni tecniche più importanti dello sparring.

La posizione

La posizione che assumi durante lo sparring è fondamentale. Una posizione corretta offre il giusto equilibrio, essenziale per mantenere stabilità e mobilità sul ring. Inoltre, una buona posizione ti permette di entrare e uscire dalla distanza in modo più fluido ed efficace, mantenendo alta la guardia. Una buona posizione include tenere i piedi alla larghezza delle spalle, la testa e le spalle rilassate e le ginocchia leggermente piegate.

Il gioco di gambe

Il gioco di gambe ti aiuta a muoverti in modo rapido ed efficace per schivare ed eludere gli attacchi mentre imposti i tuoi. Una buona tecnica di gioco di gambe include:

1. Mantenere il peso sulle punte dei piedi.
2. Spostare il peso da un piede all'altro.
3. Usare piccoli e rapidi passaggi per muoversi.

Tecniche di attacco

I pugni sono l'aspetto principale dello sparring, e padroneggiare le tecniche di attacco può fare una grande differenza nella tua capacità di combattere. Una tecnica eccellente include forma, tempismo e precisione corretti. Concentrati sul controllo di pugni, calci e altri colpi. Le tue tecniche di colpo dovrebbero essere più veloci e complesse di quelle del tuo avversario per tenerlo all'erta.

Tecniche di difesa

La difesa è un aspetto essenziale dello sparring, che ti aiuta a evitare di essere colpito dal tuo avversario. Esistono varie tecniche di difesa, tra cui bloccare, schivare e parare. Una buona difesa comporta:

1. Tenere le mani alzate.
2. Bloccare con le braccia e le gambe.
3. Usare il gioco di gambe per uscire dal raggio d'azione.

Come per i colpi, mantenere la difesa solida e sotto controllo è fondamentale. Quando fai sparring, dovresti sempre essere pronto a difenderti.

Contrattacchi e combinazioni

I contrattacchi e le tecniche di combinazione ti aiutano ad avere il sopravvento nello sparring. La combinazione di diverse tecniche, come pugni e calci, può far perdere l'equilibrio al tuo avversario e i contrattacchi possono contrastare strategicamente i movimenti del tuo avversario. Una buona tecnica di contrattacco e combinazione consiste nel cronometrare i tuoi attacchi in modo efficiente e nell'utilizzare varie tecniche per mantenere l'avversario incerto sulle tue mosse.

Lo sparring ha molti aspetti tecnici critici da considerare per migliorare il tuo livello di abilità. La tua posizione, il gioco di gambe, le tecniche di attacco e difesa, e la capacità di usare contrattacchi e combinazioni sono tutti elementi essenziali per diventare un partner di sparring efficace. Sviluppando questi aspetti tecnici diventerai un pugile migliore, acquisirai più sicurezza e otterrai il massimo dal tuo allenamento.

Consigli degli esperti per migliorare il tuo sparring

Chiunque abbia fatto sparring sa che non si tratta solo di tirare pugni. Devi essere strategico e imparare a muoverti correttamente per vincere un match di sparring. Ecco alcuni consigli degli esperti per migliorare la tua performance nello sparring e prendere il sopravvento sugli avversari. Dallo stile Peek-A-Boo al controllo di tempo e distanza, questi suggerimenti ti aiuteranno a diventare un pugile più abile ed efficace.

Stile Peek-a-Boo

Uno degli stili più popolari ed efficaci nella boxe è lo stile Peek-A-Boo, reso celebre da pugili come Mike Tyson. Questo stile si caratterizza per una guardia alta combinata con un movimento continuo di bobbing (su e giù) e weaving (laterale). Tieni le braccia in alto a proteggere il viso mentre ti muovi dentro e fuori, rendendo difficile per il tuo avversario colpirti. Per praticare lo stile Peek-A-Boo, dovresti concentrarti sul tenere il mento basso, con i gomiti piegati e la parte superiore del corpo rilassata. Durante l'allenamento, combina il movimento di weaving con colpi rapidi per mantenere l'avversario confuso e creare aperture per i contrattacchi.

Movimento della testa e gioco di gambe

Un altro aspetto critico dello sparring è il movimento della testa e il gioco di gambe. Imparare a muovere la testa e i piedi all'unisono ti aiuta a schivare i pugni del tuo avversario e a creare aperture per i tuoi attacchi. Tieni i piedi alla larghezza delle spalle e il peso distribuito uniformemente, pronto a muoverti in qualsiasi direzione. Muovere la testa da un lato all'altro ti aiuta a evitare i pugni. Ruotare sul piede posteriore ti aiuta a spostarti rapidamente di lato e a sfuggire al pericolo.

Tempismo e controllo della distanza

Il tempismo e il controllo della distanza sono elementi fondamentali in ogni sessione di sparring. Controllare la distanza tra te e il tuo avversario è fondamentale. Anticipa le mosse del tuo avversario analizzando i suoi movimenti e schemi per migliorare il tuo tempismo.

Esercitati a reagire rapidamente ai suoi movimenti facendo shadowboxing o allenandoti con un partner.

Per il controllo della distanza, dovresti entrare e uscire rapidamente dal raggio d'azione mantenendo il tuo avversario alla fine del tuo pugno. Usa il gioco di gambe per muoverti dentro e fuori portata e impara a tirare un pugno mentre ti muovi. Più controllo hai sulla distanza, più efficace sarai nello sparring.

Preparazione mentale

Lo sparring non riguarda solo la forza fisica e la tecnica, ma anche la preparazione mentale. Entrare in una sessione di sparring con una mentalità chiara e concentrata ti aiuta a mantenere la calma e prendere decisioni migliori. Impara a respirare profondamente e a concentrarti sul compito. Non lasciare che le tue emozioni prendano il sopravvento, ma usale piuttosto per alimentare i tuoi movimenti e mantenerti motivato.

Allenamento costante

Esercitarsi con costanza è fondamentale per diventare un combattente migliore e acquisire la sicurezza necessaria per padroneggiare una disciplina. Trova un partner di sparring di cui ti puoi fidare e lavora con lui regolarmente. Inoltre, presta attenzione alla tua tecnica, concentrati sulla forma corretta e chiedi un feedback al tuo allenatore. Più ti alleni, più diventerai un pugile migliore.

Affinare i riflessi

I riflessi sono essenziali per il successo dello sparring. Come pugile, devi avere reazioni offensive e difensive. Puoi affinare i tuoi riflessi praticando esercizi che prevedono reazioni rapide ai pugni o ai movimenti del tuo avversario. Guarda allo sparring come un modo per esercitarti e mettere alla prova i tuoi limiti in un ambiente sicuro. Non si tratta di vincere o perdere, ma di imparare e svilupparsi come pugile.

Pronti, partenza, sparring! Prepararsi per il primo incontro di sparring

Salire per la prima volta in un ring per uno sparring può essere intimidatorio. Affronterai un avversario che cercherà attivamente di colpirti. È normale sentirsi nervosi. Tuttavia, con la giusta preparazione, puoi affrontare il tuo primo incontro di sparring con fiducia. Che sia la tua prima esperienza o la centesima, l'allenamento è fondamentale. Ecco alcuni consigli e linee guida per prepararti al meglio per il tuo primo incontro di sparring.

Allenamento

L'allenamento è la base di qualsiasi incontro di sparring di successo. Quindi, prima di salire sul ring, assicurati di impegnarti regolarmente in esercizi che aumentino la tua resistenza, forza, agilità ed equilibrio. Il tuo allenamento dovrebbe includere shadowboxing, lavoro con il sacco ed esercizi con i partner. Tutto ciò ti aiuterà ad affinare la tua tecnica e il tempo di reazione.

Equipaggiamento di sicurezza

La sicurezza dovrebbe essere la priorità assoluta. Investi in dispositivi di sicurezza di alta qualità per proteggere la testa, la bocca e le mani. Se stai praticando kickboxing, dovresti anche avere dispositivi di protezione per stinchi e piedi. Mantieni la tua attrezzatura pulita e in buone condizioni e sostituiscila quando necessario.

Conosci le regole

Diverse arti marziali hanno regole specifiche per gli incontri di sparring, quindi assicurati di sapere cosa aspettarti prima di salire sul ring. Familiarizza con il sistema di punti, la durata della partita e i colpi consentiti. Dovresti anche sapere quali indumenti protettivi indossare. Questa conoscenza ti aiuterà ad avere un'esperienza di sparring sicura e divertente.

Fai attenzione al tuo avversario

Il tuo avversario è il tuo miglior insegnante, quindi presta attenzione a come si muove sul ring e impara dalle sue tecniche. Rispetta i limiti fisici ed emotivi del tuo avversario e mostra sempre cortesia. Usa lo sparring come un'opportunità per costruire una relazione con il tuo avversario, in quanto può darti un feedback prezioso e critiche costruttive.

Concentrati sul gioco di gambe

Il gioco di gambe è spesso trascurato in allenamento, ma è fondamentale per un incontro di sparring di successo. Il tuo gioco di gambe ti aiuterà a evitare i colpi in arrivo, a mantenere l'equilibrio e a impostare i contrattacchi. Quindi, includi esercizi di gioco di gambe nella tua routine di allenamento ed esercitati a muoverti dentro e fuori portata.

Padroneggia i tuoi pugni

I tuoi pugni sono le tue armi più potenti sul ring. Devi esercitarti a lanciare pugni diversi con la forma corretta. Presta attenzione alla tua tecnica e potenza. Vuoi assicurarti di poter sferrare pugni precisi e potenti controllando i movimenti del tuo corpo. Metti alla prova i tuoi jab, cross, ganci e montanti nelle partite di sparring per vedere come funzionano contro gli avversari.

Scegli saggiamente i tuoi avversari

Quando fai sparring, è essenziale trovare un partner adatto. Hai bisogno di qualcuno che possa sfidarti e aiutarti a spingere le tue abilità al livello successivo. Lavorare con qualcuno con un'esperienza simile potrebbe essere la cosa migliore se sei un principiante. Se sei più esperto, trova qualcuno che possa sfidarti e aiutarti a perfezionare le tue tecniche. Chiedi consiglio al tuo coach se hai bisogno di aiuto per decidere chi scegliere.

Comportati con sicurezza

La tua mentalità è importante quanto la tua preparazione fisica per un incontro di sparring. Prima di salire sul ring, concentrati sui pensieri positivi e visualizza il tuo successo. Comportati con sicurezza e ricorda perché lo stai facendo in primo luogo. Divertiti, rimani rilassato e fidati del tuo allenamento e del tuo istinto.

Visualizza il successo

La visualizzazione è uno strumento potente per gli atleti e può aiutarti a prepararti per le sfide del tuo primo incontro di sparring. Trascorri del tempo visualizzando te stesso mentre esegui con successo le tue tecniche, schivando gli attacchi del tuo avversario e uscendone vincitore. Rimani positivo, credi in te stesso e ricorda che lo sparring è una sfida tanto mentale quanto fisica.

Lo sparring può essere un'esperienza impegnativa e gratificante ed è naturale sentirsi nervosi prima della prima partita. Ma con la giusta mentalità e preparazione, puoi affrontare con sicurezza il tuo incontro di sparring. Concentrati sul tuo allenamento, investi in equipaggiamento di sicurezza, familiarizza con le regole, dai la priorità al tuo gioco di gambe e rimani positivo. Seguendo questi suggerimenti, sarai sulla buona strada per il successo sul ring. Buon sparring.

Capitolo 9: Sfruttare il Sacco Pesante

La boxe è universalmente riconosciuta come un allenamento intenso, in grado di mettere alla prova sia la resistenza fisica che quella mentale. Ma hai mai provato a "sfruttare" il sacco pesante per portare il tuo allenamento a un livello superiore? L'allenamento con il sacco pesante ti spinge a liberare ogni goccia di energia che possiedi. L'allenamento ad alta intensità prevede di colpire il sacco pesante con pugni e calci, in modo ritmico e continuo. Questo tipo di esercizio coinvolge molteplici muscoli, obbligandoti a lavorare con il core, le gambe, le braccia e le spalle. Quando padroneggi i movimenti, ti sentirai un vero campione mentre scarichi tutta la tua energia sul sacco. In questo capitolo scopriremo i benefici dell'allenamento con il sacco pesante, il materiale necessario per iniziare e una serie di esercizi per perfezionare la tua tecnica. Indossa i guantoni, sfodera la tua grinta e inizia a sfruttare il sacco. È ora di liberare la potenza che è in te!

Allena il corpo con la boxe: i vantaggi dell'allenamento con un sacco pesante

Un sacco pesante può aiutarti a migliorare la coordinazione e l'equilibrio. [11]

Oltre a essere un mezzo di autodifesa, l'allenamento di boxe offre un eccezionale esercizio per tutto il corpo. Un sacco da boxe pesante per l'esercizio è un ottimo modo per mettersi in forma, aumentare la forza e la resistenza e migliorare la coordinazione e l'equilibrio generali. Quindi, se vuoi migliorare la tua routine di fitness, siamo pronti per tuffarci nei benefici dell'allenamento con un sacco da boxe pesante.

Allenamento completo per il corpo

Allenarsi con il sacco è un modo eccellente per perdere peso e lavorare verso un fisico snello e tonico. Movimenti come pugni, calci e schivate coinvolgono l'intero corpo, attivando diversi gruppi muscolari. Inoltre, combinazioni ad alta intensità obbligano il corpo a consumare molta energia e a bruciare calorie. Per ottenere il massimo dal tuo allenamento, prova a eseguire una varietà di pugni e movimenti, mantenendo sempre il core attivo durante l'esercizio.

Miglioramento della resistenza cardiovascolare

L'allenamento con il sacco da boxe è eccellente per migliorare la resistenza cardiovascolare. Il movimento continuo del tuo corpo mentre ti impegni in diverse combinazioni di pugni aggiunge una sfida significativa al tuo cuore e ai tuoi polmoni. L'aumento della frequenza cardiaca durante l'allenamento aiuta a migliorare la resistenza, la stamina e la salute cardiovascolare. Aumentare gradualmente l'intensità e incorporare l'allenamento a intervalli ad alta intensità (HIIT) nella tua routine di allenamento ti aiuta a raggiungere una forma fisica ottimale.

Aumento di forza e potenza

Il sacco pesante pesa generalmente tra i 30 e i 45 kg (70-100 libbre), il che significa che lavorerai sia sui muscoli della parte superiore che inferiore del corpo, sviluppando pugni e calci più forti. Inoltre, l'aspetto dell'allenamento di resistenza della boxe al sacco ti aiuta a costruire muscoli e aumentare la tua potenza generale. Questo allenamento può essere particolarmente utile per atleti come lottatori e giocatori di football, in quanto migliora la loro potenza, velocità ed esplosività.

Miglioramento del gioco di gambe e dell'equilibrio

Il gioco di gambe e l'equilibrio sono fondamentali nella boxe. Senza un adeguato gioco di gambe ed equilibrio, rischi di perdere il controllo dei tuoi pugni, lasciandoti vulnerabile agli attacchi. Allenandoti con un sacco da boxe pesante, impari varie tecniche di gioco di gambe, migliori il tuo equilibrio e capisci meglio come spostare il tuo peso durante le combinazioni di boxe. Inoltre, l'incorporazione dello shadowboxing e dei movimenti laterali nell'allenamento migliora il gioco di gambe e l'equilibrio complessivi.

Migliore precisione e tempismo

La boxe con il sacco pesante ti consente di lavorare sulla tua precisione tirando pugni e mirando a punti specifici sul sacco. Questo tipo di allenamento migliora anche il tempismo e le reazioni, simulando condizioni simili allo sparring. Tirare combinazioni rapide e precise aiuta a sviluppare il coordinamento occhio-mano, rendendo più facile reagire velocemente ai colpi dell'avversario.

Esercizi di riscaldamento

La boxe è uno degli allenamenti più intensi e fisicamente impegnativi. Richiede forza e resistenza, insieme a tecnica e forma adeguate. Pertanto, prima di iniziare ad allenarti con un sacco da boxe pesante, devi fare esercizi di riscaldamento per preparare il tuo corpo ai rigori dell'allenamento. Questa sezione esplora i benefici degli esercizi di riscaldamento pre-allenamento e propone cinque attività per preparare il tuo corpo a un intenso allenamento di boxe.

Jumping Jacks

I jumping jacks sono un classico esercizio di riscaldamento, e per una buona ragione: sono un modo efficiente per aumentare il battito cardiaco e far circolare il sangue in tutto il corpo. Inizia con i piedi uniti e le braccia lungo i fianchi. Quindi salta, allargando le gambe mentre sollevi le braccia di lato finché le mani non si incontrano sopra la testa. Torna alla posizione di partenza e ripeti. Esegui i jumping jacks per circa un minuto o finché il battito cardiaco non aumenta.

Skip con ginocchia alte

Le ginocchia alte sono un altro esercizio di riscaldamento per aumentare la frequenza cardiaca e la circolazione sanguigna. Stai in piedi con i piedi divaricati alla larghezza dei fianchi. Quindi, solleva la gamba destra, spingendo il ginocchio verso il petto. Mentre abbassi la gamba destra, solleva la gamba sinistra in modo simile, alternando rapidamente le gambe stando in posizione. Fallo per circa un minuto o finché non ti senti riscaldato.

Rotazioni delle braccia

Le rotazioni delle braccia preparano la parte superiore del corpo per l'allenamento. Stai in piedi con i piedi alla larghezza delle spalle e le braccia dritte lungo i fianchi, parallele al pavimento. Fai dei piccoli cerchi con le braccia e aumenta gradualmente le dimensioni dei cerchi fino a fare dei cerchi grandi con tutto il braccio. Dopo aver completato una serie in una direzione, invertire la direzione e ripetere. Fallo per circa 30 secondi in ogni direzione.

Oscillazioni delle gambe

Le oscillazioni delle gambe sono un eccellente esercizio di riscaldamento. Mettiti vicino a un muro o a un palo per mantenere l'equilibrio. Fai quindi oscillare la gamba destra in avanti e indietro il più possibile, mantenendo ferma la parte superiore del corpo. Dopo aver completato una serie con una gamba, ripeti con l'altra gamba. Fallo per una decina di oscillazioni su ogni gamba.

Stretching dinamico

Lo stretching dinamico consiste in movimenti controllati che migliorano la flessibilità e l'ampiezza del movimento. Inizia con un affondo e passa a un allungamento del tendine del ginocchio raddrizzando la gamba anteriore mentre ti pieghi in avanti. Quindi torna alla posizione di affondo e passa a un allungamento del quadricipite piegando la gamba posteriore mentre porti il tallone verso i glutei. Ripeti questo movimento per 5-10 ripetizioni prima di cambiare gamba.

Allenarsi con un sacco da boxe pesante è molto benefico per la tua forma fisica generale, ma mette anche molto stress sul tuo corpo se non lo fai bene. L'aggiunta di questi esercizi di riscaldamento alla tua routine riduce il rischio di infortuni e aumenta le tue prestazioni. Riscaldati sempre prima di un allenamento e rendilo una parte regolare della tua routine per assicurarti di ottenere il massimo dal tuo allenamento.

Esercizi base con il sacco pesante: le fondamenta della boxe

La boxe non consiste solo nel tirare pugni potenti e mandare al tappeto l'avversario: è un'arte che richiede disciplina e allenamento costante. Uno dei metodi migliori per migliorare le tue abilità è integrare regolarmente esercizi specifici con il sacco pesante nella tua routine. Questi esercizi aiutano i pugili di tutti i livelli a sviluppare resistenza, perfezionare la tecnica e aumentare la forza. Questa sezione esplora gli esercizi di base con il sacco pesante che ogni pugile dovrebbe imparare per raggiungere la padronanza del ring.

Jab e diretti (cross)

Il jab è uno dei colpi fondamentali della boxe. È efficace e serve a preparare altre combinazioni di pugni. Come eseguire un esercizio di jab con il sacco pesante:

1. Posizionati di fronte al sacco con i piedi alla larghezza delle spalle e il piede dominante leggermente indietro.
2. Porta la mano anteriore vicino al sacco e stendi il braccio, eseguendo un colpo rapido e secco.
3. Dopo il jab, fai un piccolo passo indietro e seguilo con un diretto (cross).

Il cross è un pugno diretto con la mano dominante che segue il jab. Gli esercizi combinati jab-cross per sacchi pesanti sono ottimi per il riscaldamento e il perfezionamento delle tecniche.

Montanti e ganci

I montanti e i ganci sono colpi da eseguire a distanza ravvicinata. Per prima cosa, mettiti vicino al sacco con le ginocchia leggermente piegate, piega il braccio e usa il peso del corpo per tirare un pugno verso l'alto, mirando al sacco. D'altra parte, i ganci usano la potenza di rotazione del tuo corpo per sferrare un pugno laterale verso il sacco. Assicurati di ruotare i fianchi per generare potenza. Esercitati su entrambi i lati per assicurarti di avere la stessa forza in entrambe le braccia.

Combinazioni al corpo

Le **combinazioni al corpo** sono una parte essenziale dell'allenamento nella boxe. Queste combinazioni fanno lavorare tutto il corpo e fanno muovere il pugile intorno al sacco. Gli esercizi con il sacco pesante per la combinazione al corpo includono movimenti come jab al corpo, ganci al corpo e diretti del corpo. Questi movimenti mirano al tronco dell'avversario. Mescola e abbina queste combinazioni per creare esercizi variati che migliorano la tua tecnica complessiva.

Esercizi di gioco di gambe

Gli esercizi di gioco di gambe migliorano la velocità, l'agilità e l'equilibrio del piede. Un eccellente esercizio di gioco di gambe per i principianti è lo "Step and Pivot". Stai nella tua posizione di base della boxe, fai un piccolo passo con il piede anteriore, quindi ruota sulla pianta del piede per girare il corpo. Ripeti il movimento e segui con un pugno o una combinazione. Questo esercizio aiuta a migliorare la stabilità e l'equilibrio mentre ti muovi intorno al sacco.

Esercizi "Fill the Bag" (Riempire il Sacco)

Gli esercizi "Fill the Bag" consistono nell'utilizzare l'intero corpo, sia la parte superiore che inferiore, per colpire il sacco con la massima intensità. Inizia con una serie di combinazioni di pugni. Prosegui con una serie di jab, diretti, montanti e ganci eseguiti in modo aggressivo. Questi esercizi ti aiutano a costruire fiducia e sono un ottimo modo per spingerti al limite, mantenendo alti i livelli di energia durante l'allenamento.

Preparati a sudare: una guida agli esercizi con il sacco pesante

Allenarsi con il sacco pesante non è solo un ottimo modo per alleviare lo stress e scaricare le frustrazioni accumulate, ma anche un fantastico allenamento per migliorare la tua salute fisica. I pugili professionisti e i combattenti di MMA lo utilizzano per potenziare forza, potenza e resistenza. Ma non lasciarti intimidire! Ecco una guida semplice per eseguire un allenamento efficace con il sacco pesante:

Round 1-3: pugni di base

I primi tre round del tuo allenamento dovrebbero concentrarsi sul perfezionamento delle basi: jab, cross e ganci. Questi tre pugni ti permettono di stabilire un ritmo, di prendere confidenza con il sacco e l'impatto che stai generando. Successivamente, concentrati su una tecnica corretta. Per esempio, muoviti dai fianchi, ruota le spalle e immagina il tuo bersaglio di fronte a te. Questo fa lavorare la parte superiore del corpo e i muscoli del core. Ogni round dovrebbe durare 1-2 minuti e devi mantenere un ritmo costante. Prendi in considerazione l'idea di fare un riposo da 30 a 60 secondi tra un round e l'altro.

Round 4: Riempire il sacco (Fill the Bag)

È arrivato il momento di scaricare tutta la frustrazione accumulata. In questo round, concentrati sul colpire il sacco con potenza e intensità massima. Mentre colpisci il sacco, aumenta il ritmo e sferra la combinazione su cui hai appena lavorato. Continua così per un round completo di due minuti, quindi riposa per 30 secondi. Ripeti per due o tre round, assicurandoti di mantenere lo stesso livello di energia. Questo round ti aiuterà a migliorare resistenza e forza esplosiva.

Round 5: Esercizi di gioco di gambe

Il quinto round è tutto incentrato sul gioco di gambe. Metti un po' di musica energizzante e inizia a muoverti attorno al sacco con una serie di movimenti passo-passo. Puoi muoverti intorno al sacco in diverse direzioni. Puoi iniziare facendo un passo a sinistra, quindi, mentre ti muovi completamente intorno al sacco, inizia con la combinazione spostandoti a destra. Questi esercizi migliorano il tuo gioco di gambe e la tua forza del core, aiutando anche a bruciare calorie.

Round 6-8: Combinazioni al corpo

Dedica questi tre round alle combinazioni di colpi che coinvolgono sia la parte superiore che quella inferiore del corpo. Le combinazioni al corpo dovrebbero essere l'obiettivo principale di questo round. Ricorda: il potere viene dai tuoi fianchi. Quindi, continua a muoverli e alterna i colpi tra il lato destro e il sinistro del corpo. I round dovrebbero durare due minuti, intervallati da un minuto di riposo. Questi esercizi non lavorano solo sulle braccia, ma coinvolgono l'intero corpo.

Round 9-15: Jab, cross e ganci

Negli ultimi round, concentrati su brevi esplosioni di azione ad alta intensità, con pause brevi tra un round e l'altro. Esegui una serie di jab, cross e ganci sul sacco, mantenendo quel ritmo su cui hai lavorato durante i primi tre round. Aggiungi potenza a ogni combinazione e senti l'impatto di ogni pugno. Ripeti questi round da una a tre volte, con pause di 30 secondi tra un round e l'altro.

Esercizi di defaticamento dopo un allenamento con il sacco pesante

Se hai mai partecipato a una lezione di boxe o kickboxing, sai quanto può essere intenso un allenamento con il sacco pesante. Tirare pugni, calci e lavorare sul gioco di gambe richiede molta energia e sforzo fisico. Dopo un allenamento così intenso, è fondamentale prendersi qualche minuto per defaticare e allungare correttamente i muscoli. Questa sezione descrive esercizi di defaticamento efficaci per evitare infortuni e favorire il recupero muscolare dopo un allenamento con il sacco pesante.

Stretching per i polpacci

I polpacci sono una delle aree che possono irrigidirsi e diventare doloranti dopo un allenamento intenso. Per allungarli correttamente, mettiti di fronte a un muro a circa un braccio di distanza. Appoggia i palmi delle mani sul muro e fai un passo indietro con una gamba, mantenendola piatta al suolo. Appoggiati al muro finché non senti un allungamento nel polpaccio della gamba posteriore. Mantieni la posizione per 15-30 secondi, quindi cambia gamba. Ripeti questo allungamento un paio di volte su entrambi i lati.

Stretching per i quadricipiti

Anche i quadricipiti, ovvero i muscoli della parte anteriore delle cosce, lavorano molto durante un allenamento con il sacco pesante. Per prima cosa, stai in piedi con i piedi alla larghezza dei fianchi e piega un ginocchio, portando il tallone verso i glutei. Quindi, afferra la caviglia e tirala delicatamente verso i glutei, sentendo un allungamento nei quadricipiti. Mantieni la posizione per 15-30 secondi, quindi cambia gamba. Ripeti l'esercizio alcune volte per ogni lato.

Stretching per i glutei

I glutei, o muscoli dei glutei, sono spesso usati durante un allenamento con un sacco pesante. Per allungarli, procedi come segue:
1. Sdraiati sulla schiena con le ginocchia piegate e i piedi appoggiati a terra.

2. Incrocia la caviglia sinistra sopra il ginocchio destro, afferra la coscia destra e tira delicatamente la gamba verso il petto. Dovresti sentire un allungamento nel gluteo sinistro.
3. Mantieni la posizione per 15-30 secondi, quindi cambia gamba.
4. Ripeti l'esercizio alcune volte per ogni lato.

Stretching per collo e spalle

Portare tensione al collo e alle spalle è comune, soprattutto dopo un allenamento con il sacco pesante. Siediti o stai dritto e ruota lentamente la testa da un lato all'altro, portando l'orecchio verso la spalla per rilasciare questa tensione. Fa' con calma, non forzare l'allungamento. Quindi, alza le spalle verso le orecchie, mantieni la posizione per alcuni secondi, quindi rilascia. Ripeti questi allungamenti un paio di volte.

Posizioni yoga

Le posizioni yoga sono eccellenti per allungare tutto il corpo e favorire il rilassamento dopo un allenamento con il sacco pesante. Le posizioni benefiche includono il cane a faccia in giù, la posizione del bambino e la posizione del gatto-mucca. Mentre esegui queste posizioni, concentrati sulla respirazione e rilascia la tensione muscolare.

Prendersi qualche minuto per defaticare e fare stretching dopo un allenamento con il sacco pesante fa una grande differenza su come ti sentirai il giorno successivo. Integrare nel tuo post-allenamento esercizi come gli stretching per polpacci, quadricipiti, glutei, collo e spalle, insieme a posizioni yoga, può prevenire infortuni e promuovere il recupero muscolare. Ascolta sempre il tuo corpo e non sforzarti troppo durante lo stretching.

Un allenamento con il sacco pesante è eccellente per lavorare tutto il corpo e alleviare lo stress. Anche se l'allenamento può sembrare intimidatorio, ora che sai cosa fare, è più facile che mai iniziare. Segui le linee guida di cui sopra e presto diventerai un esperto. Ricorda: la chiave per l'allenamento con il sacco pesante è concentrarsi sulla tecnica e sulla potenza, quindi prenditi del tempo per perfezionare la tua forma. Presto vedrai risultati concreti e pugni più potenti!

Capitolo 10: Venti Errori Comuni da Evitare (Principianti o Esperti)

La boxe è uno sport impegnativo, che mette alla prova sia fisicamente che mentalmente. Combattere contro un avversario con l'obiettivo di vincere comporta una grande pressione. Come per qualsiasi altra abilità, è normale commettere errori, sia da principiante che da pugile esperto. Tuttavia, gli errori possono trasformarsi in opportunità di crescita e miglioramento. La chiave è imparare da essi, correggere la tecnica e continuare a progredire. Quindi, che tu abbia abbassato accidentalmente la guardia o sferrato un pugno troppo ampio, non essere troppo duro con te stesso. Invece, considera ogni errore come un'occasione per migliorare e continua a lottare sul ring.

Questo capitolo analizza alcuni degli errori più comuni che sia i principianti che i pugili avanzati possono commettere, spiegando perché sono sbagliati e come evitarli o correggerli. Si parla di tutto, dalla respirazione scorretta al non fare pause durante l'allenamento. Questi sono aspetti che vuoi assolutamente evitare se desideri migliorarti come pugile. I migliori fighter imparano dai loro errori e cercano costantemente di perfezionarsi.

Errori comuni commessi dai pugili principianti

Imparare le abilità e le tecniche di boxe richiede tempo e impegno. Tuttavia, come principiante, è importante evitare errori comuni che possono compromettere il tuo allenamento e rallentare i tuoi progressi.

Questa sezione analizza alcuni degli errori più frequenti, perché sono sbagliati e come evitarli o correggerli.

Non fare un adeguato riscaldamento

Il riscaldamento è fondamentale per qualsiasi sport. ²³

Il riscaldamento è essenziale in ogni allenamento, compresa la boxe, anche se molti principianti non gli dedicano l'attenzione necessaria. Un riscaldamento corretto prepara il corpo e la mente per l'allenamento intenso che ti aspetta e previene infortuni. Saltare il riscaldamento può portare a stiramenti muscolari o dolori, rallentando i tuoi progressi o, peggio, mettendo fine alla tua carriera prima del tempo.

Dedica 10-15 minuti al riscaldamento prima di iniziare l'allenamento per evitare questo errore. Un buon riscaldamento dovrebbe includere esercizi cardiovascolari (jumping jack o salto con la corda), esercizi di mobilizzazione articolare (oscillazioni delle gambe o cerchi delle braccia) ed esercizi di stretching dinamico (come affondi o squat). Inoltre, non dimenticare di fare un defaticamento e di allungare i muscoli dopo la sessione di allenamento per aiutare il tuo corpo a recuperare e prevenire dolori muscolari.

Non usare la tecnica corretta

Avere la tecnica corretta è fondamentale nella boxe. Senza una tecnica adeguata, rischi di ferire te stesso o il tuo avversario. Purtroppo, molti pugili principianti trascurano l'importanza della tecnica perché pensano che non sia così essenziale. Tuttavia, la tecnica è la base di tutto ciò che fai nella boxe. Impara la tecnica appropriata per ogni pugno per evitare questo errore. Innanzitutto, lavora sulle basi, come il gioco di gambe, la posizione e il movimento della testa, prima di passare alle tecniche avanzate. Successivamente, esercitati con ogni pugno, concentrandoti sulla forma e sul movimento corretti. Inoltre, prendi in considerazione l'idea di assumere un allenatore o un mentore che ti guidi attraverso gli aspetti tecnici della boxe.

Non mangiare i cibi giusti

La boxe richiede molta energia e resistenza, quindi devi alimentare il tuo corpo in modo adeguato. Tuttavia, alcuni pugili principianti non prestano abbastanza attenzione alla loro alimentazione, pensando che non sia necessaria. Sbagliato. Mangiare i cibi giusti ha un impatto significativo sulle tue prestazioni e sui tuoi progressi.

Per evitare questo errore, procedi come segue:

1. Segui una dieta bilanciata e salutare che includa carboidrati, proteine e grassi.
2. Inoltre, mangia molta frutta e verdura, che forniscono vitamine e minerali essenziali.
3. Evita cibi spazzatura e alimenti processati, che possono danneggiare il tuo corpo e influenzare negativamente le tue prestazioni.
4. Bevi abbastanza acqua per mantenere il tuo corpo idratato.

Non anticipare i movimenti del tuo avversario

Nella boxe, anticipare i movimenti dell'avversario è fondamentale per poterli contrastare. Tuttavia, molti principianti trascurano questo aspetto, rendendosi vulnerabili agli attacchi. La maggior parte degli avversari esperti può riconoscere e sfruttare la tua mancanza di preparazione.

Per evitare questo errore, procedi come segue:

1. Rimani all'erta e presta attenzione al linguaggio del corpo del tuo avversario.
2. Impara a leggere i suoi movimenti per prevedere cosa farà dopo.
3. Esercitati con esercizi di contrattacco con un partner per aiutarti a sviluppare buoni riflessi e capacità di anticipazione.

Non seguire la regola dei 3 secondi

La regola dei 3 secondi è una strategia classica nella boxe che esiste da molti anni. Stabilisce che dopo aver sferrato un pugno, dovresti prenderti 3 secondi per pensare e pianificare la tua prossima mossa. Questa regola è importante perché ti permette di valutare la situazione, sviluppare una strategia e metterla in pratica. Tuttavia, alcuni principianti ignorano questa regola, portandoli a fare mosse affrettate e poco ragionate.

Per evitare questo errore, procedi come segue:
1. Prenditi qualche secondo per pensare prima di agire.
2. Concentrati sulla tua respirazione per mantenere la calma e schiarirti la mente.
3. Analizza la situazione e prendi una decisione ponderata.

Pratica questa regola durante gli esercizi con un partner per sviluppare un miglior senso del tempo.

Non lavorare sul gioco di gambe

Il gioco di gambe è essenziale per essere un pugile di successo. Sfortunatamente, molti principianti trascurano questo aspetto del loro allenamento e ne subiscono le conseguenze. Un buon gioco di gambe consente ai combattenti di muoversi in modo efficiente sul ring, evitare i pugni e sferrare i propri. Pertanto, i pugili principianti dovrebbero concentrarsi sullo sviluppo di esercizi di gioco di gambe nella loro routine di allenamento per migliorare l'agilità, la coordinazione e l'equilibrio.

Non concentrarsi sulla difesa

La difesa è importante tanto quanto l'attacco nella boxe. Tuttavia, molti principianti si concentrano solo sul colpire, trascurando la propria protezione, il che li rende vulnerabili agli attacchi degli avversari. Una buona difesa consente a un pugile di bloccare, schivare, abbassarsi o muoversi (weaving) per evitare i colpi e contrattaccare in modo efficace. I pugili principianti dovrebbero incorporare esercizi difensivi nella loro routine di allenamento per affinare queste abilità, tra cui esercitarsi a bloccare i pugni, scivolare e muovere la testa.

Respirazione errata

I pugili devono imparare a respirare correttamente durante gli allenamenti e i combattimenti. Molti principianti non controllano la respirazione, causando una perdita di energia e una riduzione dell'afflusso di ossigeno ai muscoli. Questo porta a esaurimento e prestazioni scadenti. I pugili devono imparare a respirare profondamente e regolare la respirazione durante l'allenamento per migliorare la resistenza.

Non concentrarsi sulla forza e sul condizionamento

La boxe richiede un alto livello di forza e condizionamento per avere successo. Sfortunatamente, molti principianti si concentrano maggiormente sugli esercizi di boxe e trascurano la loro forza e condizione complessiva. Costruire e mantenere la potenza e il condizionamento attraverso l'allenamento con i pesi, gli esercizi cardio e altri esercizi di condizionamento renderà qualsiasi pugile più efficace sul ring. La combinazione di esercizi di forza e condizionamento migliora le prestazioni e porta la tua boxe a un livello superiore.

Non fare abbastanza stretching

Lo stretching prima dell'allenamento è essenziale per prevenire infortuni e aumentare la flessibilità e l'ampiezza del movimento. Purtroppo, alcuni pugili principianti saltano lo stretching o lo eseguono in modo superficiale. Questo può portare a stiramenti muscolari o strappi, che possono compromettere seriamente i progressi nell'allenamento. Pianifica un tempo sufficiente per lo stretching prima di ogni sessione di allenamento in modo da evitare questo errore. Inizia con semplici allungamenti, come rotazioni del collo, cerchi delle braccia e torsioni del tronco. Quindi, lavora gradualmente fino ad allungamenti più avanzati, come spaccate, piegamenti all'indietro e apertura dell'anca.

Non rimanere idratati

La boxe è un allenamento ad alta intensità che ti fa sudare copiosamente, portando alla disidratazione se non reintegri i liquidi persi. Non rimanere idratati porta a stanchezza, vertigini e crampi. Inoltre, influisce in modo significativo sulla resistenza e sulle prestazioni durante l'allenamento. Bevi molti liquidi prima, durante e dopo le sessioni di allenamento per evitare questo errore. Tieni una bottiglia d'acqua nelle vicinanze e sorseggiala regolarmente per rimanere idratato. Evita bevande zuccherate o con caffeina, che possono portare alla disidratazione.

Affidarsi troppo alla forza della parte superiore del corpo

La boxe non si basa solo sulla forza della parte superiore del corpo. La forza delle gambe, il core e la coordinazione giocano un ruolo cruciale nello stile di un pugile. Molti principianti si concentrano eccessivamente sulla forza delle braccia, causando squilibri muscolari, scarsa forma e affaticamento precoce. Integra esercizi per la parte inferiore del corpo e il core nella tua routine di allenamento per evitare questo errore. Esempi di esercizi per la parte inferiore del corpo includono squat, affondi e salto della corda. Gli esercizi di base possono consistere in plank, Russian twists e sit-up.

Scarso gioco di gambe

La boxe è uno sport che richiede un gioco di gambe eccellente. Tuttavia, molti principianti trascurano questo aspetto fondamentale, portando a errori come bilanciamento scorretto, movimenti inefficaci e maggiore rischio di infortuni. Per evitare questo errore, concentrati sul miglioramento del tuo gioco di gambe esercitandoti con esercizi di gioco di gambe, come shadowboxing, esercizi a scala e rotazioni. Inoltre, lavora sul tempo di reazione e sulla coordinazione facendo esercizi come jump squat, salti a ostacoli e burpees.

Allenarsi troppo intensamente

Sebbene sia importante allenarsi duramente, esagerare con l'intensità o la frequenza può portare a burnout, infortuni e affaticamento. I principianti spesso commettono l'errore di allenarsi troppo duramente o troppo frequentemente, portando a una mancanza di progressi a lungo termine. Stabilisci un programma di allenamento regolare e includi giorni di riposo per evitare questo errore. Lavora per aumentare gradualmente l'intensità dei tuoi allenamenti ascoltando il tuo corpo e non spingendoti allo sfinimento.

Non lavorare sulla velocità dei colpi

Uno degli errori più comuni che commettono i pugili principianti è non lavorare sulla velocità dei pugni. La velocità del pugno è fondamentale nella boxe; ignorarla potrebbe costarti l'incontro. Includi esercizi di velocità nella tua routine di allenamento per evitare questo errore. Esercitati con lo shadowboxing, gli esercizi con il sacco veloce e gli esercizi con il sacco a doppia estremità per migliorare la velocità dei pugni. Un altro modo per migliorare la velocità dei pugni è lavorare sul gioco di gambe. Un corretto gioco di gambe ti consente di muoverti rapidamente e di colpire più velocemente. Impara la corretta posizione di boxe e il gioco di gambe per migliorare la tua velocità.

Non mantenere l'equilibrio

I pugili principianti spesso trascurano l'importanza dell'equilibrio nella boxe. Mantenere l'equilibrio è fondamentale, perché ti permette di muoverti rapidamente e schivare i pugni. Non mantenere l'equilibrio ti rende un bersaglio facile per il tuo avversario. Pertanto, pratica esercizi di equilibrio specifici per la boxe per evitare questo errore. Esercitati a muoverti sul ring, a spostare il peso e a ruotare sui piedi. Praticare regolarmente questi esercizi ti aiuterà a mantenere l'equilibrio durante gli incontri.

Non rilassarsi durante i round

Uno degli errori più comuni che i pugili principianti commettono è non rilassarsi durante i round. La boxe richiede molta energia e devi saperla conservare. Essere troppo teso prosciuga la tua energia e ti stanca rapidamente. Pratica esercizi di respirazione durante le tue sessioni di allenamento per evitare questo errore. Per esempio, fai respiri profondi ed espira lentamente per rilassare i muscoli. Inoltre, concentrati sulla tua tecnica invece che sul risultato per conservare la tua energia e rimanere rilassato durante i tuoi round.

Mancanza di forza mentale

Uno dei più grandi errori che commettono i pugili principianti è sottovalutare l'importanza della forza mentale. La boxe è uno sport mentalmente impegnativo e la tua capacità di rimanere concentrato e determinato è importante quanto le tue capacità fisiche. Quando non hai forza mentale, potresti avere difficoltà a metterti in gioco e trovarti in difficoltà sotto pressione durante un incontro. Lavorare sulla tua forza mentale è essenziale. Stabilisci obiettivi raggiungibili, visualizza il successo e rimani positivo e concentrato durante l'allenamento per evitare questo errore. Puoi anche lavorare con un allenatore o uno psicologo dello sport per aiutarti a sviluppare la forza mentale.

Non seguire una buona routine di allenamento

Un altro errore che commettono i pugili principianti è non mantenere una routine di allenamento costante e completa. I pugili hanno bisogno di forza, resistenza e agilità, ma sarai svantaggiato sul ring se ti concentri solo su un'area. Sviluppare una routine di allenamento completa che includa allenamento della forza, cardio ed esercizi di agilità è importante per evitare questo errore. È essenziale variare gli allenamenti per evitare di raggiungere un plateau. Lavorare con un personal trainer o un allenatore può aiutarti a creare un piano di allenamento personalizzato che soddisfi le tue esigenze e i tuoi obiettivi specifici.

Non fare pause

Molti pugili principianti cadono nella trappola del sovrallenamento, pensando che più si allenano, più velocemente miglioreranno. Tuttavia, l'eccesso di allenamento può portare a infortuni, burnout e stallo nei progressi. Fare pause regolari e giorni di riposo è fondamentale per evitare questo errore. Il riposo consente ai muscoli di recuperare e ripararsi, riducendo il rischio di infortuni e prevenendo il burnout. Ascoltare il proprio corpo e adattare il programma di allenamento è importante. Se ti senti esausto o dolorante, prenditi un giorno di riposo in più per riprenderti.

La boxe è uno sport intenso che richiede disciplina, concentrazione e duro lavoro. Come principiante, è essenziale evitare questi errori comuni per prevenire infortuni e fare progressi costanti. Prendersi il tempo per fare stretching, rimanere idratati, concentrarsi sulla forza di tutto il corpo e sul gioco di gambe e trovare un equilibrio tra duro lavoro e riposo sono fondamentali per diventare un pugile di successo.

Nel complesso, diventare un pugile di successo non significa solo tirare pugni forti. È imperativo essere mentalmente forti, avere una routine di allenamento completa e fare pause regolari. Lavorando sulla velocità dei pugni, mantenendo l'equilibrio e rilassandoti durante i round, migliorerai le tue abilità di boxe ed eviterai di commettere errori importanti. Ricorda: il successo nella boxe è un viaggio e il percorso verso il successo spesso richiede pazienza e perseveranza. Segui questi suggerimenti e sarai sulla buona strada per diventare un pugile di successo.

Conclusione

La boxe è uno sport intenso e accattivante che esiste da secoli. Dalle sue umili origini agli spettacolari campionati del mondo che vediamo oggi, la boxe ha affascinato il pubblico con la sua abilità, velocità e potenza. In questa guida definitiva alla boxe, hai esplorato tutto ciò che serve per iniziare, dalle basi dello sport alle tecniche avanzate e agli esercizi di allenamento. Questa guida di facile comprensione ha esplorato come lo sport si è evoluto e ha guadagnato popolarità internazionale dall'antica Grecia ad oggi. Ha toccato i diversi stili di boxe moderna, dai campionati amatoriali a quelli professionistici, le varie classi di peso e le regole che si applicano.

    La boxe è un ottimo modo per mantenersi in forma, migliorare la coordinazione e scaricare lo stress. Ma se vuoi salire sul ring, devi conoscere le regole e i regolamenti più basilari della boxe. Per cominciare, ti serve un paio di guantoni da boxe robusti per proteggere le mani dagli infortuni e per sferrare colpi efficaci. Un sacco da boxe è un'altra attrezzatura essenziale per esercitarti su jab, ganci e montanti. Le fasce per le mani aiutano a sostenere i polsi e a prevenire lesioni, mentre un paradenti è indispensabile per proteggere denti e mascella. Infine, un paio di scarpe da boxe comode e resistenti offre il supporto e la trazione necessari sul ring. Con questo equipaggiamento essenziale nel tuo kit, sarai pronto a lanciare pugni come un professionista.

    Per diventare un pugile di successo, è fondamentale comprendere l'importanza della posizione, della guardia e del gioco di gambe. Questi tre elementi rappresentano la base della tecnica pugilistica e possono determinare il tuo rendimento sul ring. Padroneggiare la giusta posizione ti aiuta a mantenere l'equilibrio e la stabilità, mentre con una solida guardia puoi proteggerti dai pugni del tuo avversario. Il gioco di gambe è essenziale per tenerti in piedi, così da essere pronto a muoverti in qualsiasi direzione.

Questa guida ha approfondito i diversi tipi di pugni e contrattacchi nella boxe, mostrando come eseguire correttamente jab, diretti, ganci e montanti. Abbiamo esaminato alcune delle combinazioni di contrattacco più efficaci per ottenere un vantaggio durante un incontro. Tuttavia, indipendentemente da quanto sia forte il tuo attacco, una solida difesa è fondamentale per diventare un pugile di successo. Abbiamo discusso le tecniche difensive più efficaci, sottolineando l'importanza del controllo della distanza, di come schivare e bloccare i colpi e di come utilizzare la guardia per evitare di essere colpiti.

Questa guida completa ti ha fornito una panoramica eccellente sul mondo della boxe e su tutto ciò di cui hai bisogno per iniziare. Dai racconti storici della boxe fino alla famosa tecnica Peek-A-Boo, abbiamo esplorato una vasta gamma di argomenti e fornito preziosi consigli e suggerimenti.

Ricorda che la boxe è uno sport altamente tecnico ed esigente che richiede dedizione, disciplina e tanto allenamento per essere padroneggiato. Che tu sia un principiante o un pugile esperto, puoi utilizzare questa preziosa guida come base per migliorare le tue abilità e diventare il miglior pugile che tu possa essere.

Riferimenti

(N.d.). Realbuzz.com. https://www.realbuzz.com/articles-interests/sports-activities/article/the-basic-skills-of-boxing/

Chen, L. (2021, June 15). The ultimate boxing workout for beginners. Byrdie. https://www.byrdie.com/boxing-workouts-5188633

Duquette, T. (2021, April 13). How to box at home - techniques for beginners. Joinfightcamp.com; FightCamp. https://blog.joinfightcamp.com/training/5-basic-boxing-techniques-to-learn-at-home-during-quarantine/

Evolve, M. M. A. (2022, October 2). 15 basic boxing combinations you should master first. Evolve Daily. https://evolve-mma.com/blog/15-basic-boxing-combinations-you-should-master-first/

Imre, B. (2020, August 14). 6 basic boxing punches & how to throw them correctly. PunchingBagsGuide. https://punchingbagsguide.com/basic-boxing-punches-guide/

Johnny, N. (2012, November 23). The BEGINNER'S guide to boxing. How to Box | ExpertBoxing. https://expertboxing.com/the-beginners-guide-to-boxing

Mahoney, K. (2020, May 2). 7 boxing fundamentals everyone should know. Muscle & Fitness. https://www.muscleandfitness.com/muscle-fitness-hers/hers-workouts/basics-boxing/

McNulty, R. (2020, May 29). The beginner's guide to boxing training. Muscle & Fitness. https://www.muscleandfitness.com/workouts/workout-tips/the-beginners-guide-to-boxing-training/

Ritterbeck, M. (2017, April 11). Boxing for beginners: Boxing basics for stance, breath, and punches. Greatist. https://greatist.com/fitness/boxing-workout-basic-moves-for-beginners

Fonti delle immagini

[1] *Antimenes Painter, CC BY 2.5 <https://creativecommons.org/licenses/by/2.5>, via Wikimedia Commons: https://commons.wikimedia.org/wiki/File:Boxers_Panathenaic_Met_06.1021.51.jpg*

[2] *See page for author, CC BY-SA 3.0 NL <https://creativecommons.org/licenses/by-sa/3.0/nl/deed.en>, via Wikimedia Commons https://commons.wikimedia.org/wiki/File:Muhammad_Ali_1966.jpg*

[3] *Brian Birzer http://www.brianbirzer.com, CC BY 2.0 <https://creativecommons.org/licenses/by/2.0>, via Wikimedia Commons https://commons.wikimedia.org/wiki/File:Mike_Tyson_Portrait_lighting_corrected.jpg*

[4] *ian mcwilliams, CC BY 2.0 <https://creativecommons.org/licenses/by/2.0>, via Wikimedia Commons: https://commons.wikimedia.org/wiki/File:Floyd_Mayweather,_Jr._vs._Juan_Manuel_M%C3%A1rquez.jpg*

[5] *https://pxhere.com/en/photo/1044044*

[6] *https://www.pexels.com/photo/boxing-gloves-and-mitts-over-the-grass-5836652/*

[7] *https://www.pexels.com/photo/blurred-sportswoman-demonstrating-technique-of-hand-bandaging-7991696/*

[8] *https://www.pexels.com/photo/smiling-man-wearing-mouth-guard-and-boxing-gloves-7289912/*

[9] *https://unsplash.com/photos/qPhXapAS2Ss?utm_source=unsplash&utm_medium=referral&utm_content=creditShareLink*

[10] *https://www.publicdomainpictures.net/en/view-image.php?image=424842&picture=bicycles-abdominal-workout*

[11] *fotografo: Alfred Grohs, CC BY 3.0 <https://creativecommons.org/licenses/by/3.0>, via Wikimedia Commons: https://commons.wikimedia.org/wiki/File:Adolf_Grohs_Boxer_Kurt_Prenzel_Bildseite_(ritagliato).jpg*

[12] *Alain Delmas (Francia), CC BY-SA 3.0 <http://creativecommons.org/licenses/by-sa/3.0/>, via Wikimedia Commons: https://commons.wikimedia.org/wiki/File:Slip1.jpg*

[13] *Alain Delmas (Francia), CC BY-SA 3.0 <http://creativecommons.org/licenses/by-sa/3.0/>, via Wikimedia Commons: https://commons.wikimedia.org/wiki/File:Jab3.jpg*

[14] *Delmas Alain, CC BY-SA 3.0 <https://creativecommons.org/licenses/by-sa/3.0>, via Wikimedia Commons: https://commons.wikimedia.org/wiki/File:Retrait4color.jpg*

[15] *Alain Delmas (Francia), CC BY-SA 3.0 <http://creativecommons.org/licenses/by-sa/3.0/>, via Wikimedia Commons: https://commons.wikimedia.org/wiki/File:Lecon_crochet.jpg*

[16] *Alain Delmas (Francia), CC BY-SA 2.5 <https://creativecommons.org/licenses/by-sa/2.5>, via Wikimedia Commons: https://commons.wikimedia.org/wiki/File:Uppercut2.jpg*

[17] *Delmas Alain, CC BY-SA 3.0 <https://creativecommons.org/licenses/by-sa/3.0>, via Wikimedia Commons: https://commons.wikimedia.org/wiki/File:Retrait2color.jpg*

[18] *Alain Delmas (Francia), CC BY-SA 3.0 <http://creativecommons.org/licenses/by-sa/3.0/>, via Wikimedia Commons: https://commons.wikimedia.org/wiki/File:Drop5.jpg*

[19] *https://unsplash.com/photos/HG1pkXN7SVA?utm_source=unsplash&utm_medium=referral&utm_content=creditShareLink*

[20] *https://unsplash.com/photos/misTB4pmevc?utm_source=unsplash&utm_medium=referral&utm_content=creditShareLink*

[21] *https://unsplash.com/photos/5Ua3axiD0kA?utm_source=unsplash&utm_medium=referral&utm_content=creditShareLink*

[22] *https://unsplash.com/photos/8Naac6Zpy28?utm_source=unsplash&utm_medium=referral&utm_content=creditShareLink*

www.ingramcontent.com/pod-product-compliance
Lightning Source LLC
Chambersburg PA
CBHW051850160426
43209CB00006B/1236